**BAKER
45**

BANKER 45

박찬종
(著者 朴燦鍾)
지음

경기은행, 한미은행, 한국씨티은행, 인천저축은행

45년 은행 생활을 회고하며

바른북스

프롤로그

　어느 날 인천 소래 시장의 골목 상가를 지나친 적이 있다. 혹시나 손님이 들어올까 연신 밖을 내다보는 상인의 마음을 헤아리면서… 또 장사가 좀 잘되어서 저분들의 얼굴이 밝아졌으면 좋겠다는 생각을 하면서 걸었다. 그런 마음은 작은 식당을 지나칠 때나 좀 크게 자리 잡은 어물전을 지나칠 때도 그러했다.

　장사하는 사람이 손님을 기다리는 것은 어느 추운 겨울날 버스 정류장에서 예정보다 30분이나 넘게 오지 않는 버스를 기다리는 것보다 훨씬 힘들고 어려울 것이다. 그런 만큼 그런 인생을 산 사람들은 그야말로 할 얘기가 많을 것이다. 그분들이 70년 평생의 자서전을 쓴다면 아니, 쓸 수 있다면 정말 절절한 이야기가 많을 것인데… 하는 생각을 했다. 그러고는 이 어려운 시절 가게들의 영업이 잘되었으면 하는 간절한 마음을 뒤로하고 시장을 빠져나왔다.

　나는 처칠처럼 유명한 정치인도 아니고 정주영, 김우중 회장 같은 세계적 기업가도 아니며 더더욱 골목길 상인들처럼 경험 많은 사람도 아닌 평범한 은행원 출신이다. 이런 내가 무슨 자서전을 쓰나 하며 감히 생각도 안 했었는데, 주변 친구의 권유와 퇴직 후 여유 시간이 있어 글쓰기에 관심을 가지게 되었다.
　특히 오랜 기간 은행 생활을 한 경험을 얘기하다 보면 후배 은행원들이나 직장인들과 무언가 공감할 부분도 있지 않을까 하는 생각이 들었다. 그들이 삶의 좌표를 잡고자 할 때, 현실 생활의 지혜를 구하고자 할 때, 나 같은 일반인의 삶의 기록들도 도움이 될 수 있으리라는 막연한 기대가 펜을 잡게 된 최종적 모티브가 된 것이다. 물론 바쁜 직장인들의 일상을 헤아려 볼 때 내 기대의 10% 정도라도 충족된다면 성공적일 수 있을 터이지만 말이다. 그러나 부디 이 책에 기록된 내 삶의 작은 조각들이 누군가에게 선한 영향력으로 작용하길 바라는 마음이다.

　나는 30여 년의 은행 생활을 각기 특성이 다른 세 곳의 은행을 거치면서 근무했다. 지방은행인 경기은행, 후발 시중은행인 한미은행, 외국계 은행인 한국씨티은행이 그곳들이다. 또 은행 퇴직 이후에 인천저축은행에서 15년을 봉직하였다. 이른바 제2금융권이라는 곳이니 1, 2금융권을 합쳐 45년간을 섭렵한 셈이다. 은행 생활을 뒤돌아보니 고락을 함께했던 수많은 선배와 동료들, 업무처리 과정과 그 밖의 사연들이 눈에 선하다. 한 분 한 분과의 좋았던 시간들이 모두 소중한 추억으로 자리 잡고 있었다. 모두들 잘 계시기를 기원하는 마음이다.

이 책에는 은행과 사회생활 전반에 대한 소소한 기록과 함께 샐러리맨으로서 어떻게 삶의 지평을 넓힐 것인가에 대한 사색과 금융, 경제에 대한 소견 등을 기술하였는데, 삶을 향기롭고 윤택하게 하는 데에 좋은 거름이 되어주었으면 하는 바람이다.

책을 쓰는 과정에서 나 자신이 살아온 길을 때론 후회하기도 했지만, 감사와 사랑이 느껴지는 순간도 많았다. 그렇다. 삶의 여정은 언제나 지속되고 있으니 내가 아는 모든 사람을 항상 사랑하고 존중하도록 하자. 때를 놓치지 않도록…

목차

프롤로그

I.
은행 30년

경기은행	14

- 은행장을 꿈꾸던 초급 행원
- 일에 재미를 느끼던 중간 간부
- 5개월의 단명 지점장

한미은행	33
한국씨티은행	37
은행 퇴직 이후	45

Ⅱ.
저축은행 15년 - 인천저축은행

위기는 극복되라고 있는 것　　　　　　　52
1등급 저축은행이 맞은 새로운 위기　　　58
저축은행 업계의 안정과 발전을 위하여　63

Ⅲ.
성장기 이야기

어린 시절　　　　　　　　　　　　　　70
　- 고향
　- 부모
　- 정든 교정
　- 일
　- 명절
　- 예식
　- 추억의 잔상

학창 시절   **85**
  - 유학(이모네 집)
  - 자취 생활
  - 독서실에서 일하기

사회생활   **93**
  - 시장
  - 군대 시절
  - 새로운 가정

Ⅳ.
성공적인 삶을 위하여

취미   **103**
종교   **107**
인간관계   **111**
성공과 실패   **114**

V.
경제 이렇게 챙기자

주식 123
부동산 128
금융 일반 132

VI.
사색

정치 139
삶 142
효도와 회한 146
스승 149
산 153
꿈 155

독서	**158**
예술	**161**
사랑	**165**
실수들	**168**
– 구두닦이	
– 토끼털 점퍼	
– 블랙아웃	
건강	**173**
리더십	**176**
사람들	**179**

에필로그
미래를 위하여

BAKER
45

I. 은행 30년

경기은행

은행장을 꿈꾸던 초급 행원

1977년 11월 군복무를 마치고 전역한 뒤 직장을 선택하기 위해 이곳저곳을 탐문하였다. 군복무 34개월 동안 세상은 정말 많이 달라져 있었다. 그 시기는 우리나라의 산업화가 물밑에서 꿈틀대고 있던 때였다. 물론 이것은 나중에 안 사실이지만 당시 정권을 가진 쪽에서는 민주적 문화나 제도보다는 산업화의 가속화, 즉 국민과 국가의 부강을 더 우선시하는 정책을 취했던 시절이었다.

이에 따라 공공영역뿐만 아니라 기업, 은행, 소규모 자영업 등 모든 영역에서 인력의 충원이 확장적으로 이루어지고 있었다. 이때 내가 가장 안정적으로 일할 수 있고, 아울러 인권적 측면에서도 부당한 대우를 받지 않을 만한 직장으로서 은행이라는 곳이 적당할 것 같다는 생각에 이르렀다.

물론 공무원 임용도 생각해 보았지만, 경제적 자립을 서둘러야 한다는 점에서 우선순위가 아니었고 일반 기업체의 경우도 공부를 더 하고자 했던 상황에서 선택의 대상이 아니었다. 이에 따라 신문의 채용공고를 보고 인천에 본점을 둔 경기은행에 응시하고 채용되었다.

당시 한 국책은행에서도 합격 통보를 받았지만, 경기은행이 수도권을 영업구역으로 두고 있어 발전 가능성이 높았고 직원에 대한 대우가 비교적 좋았으며 본지점 어디에서든 야간대학에 등교하는 것이 가능했기 때문이다.

1978년 4월 성남지점에 첫 발령을 받고 출근하기 시작하였다. 당시에는 은행이 직원의 복지 차원에서 직원 합숙소를 운영하였는데 합숙소에서 생활하다 보니 지점 근무지가 가까워 상당한 시간을 절약할 수 있었다.

지점에서 예금, 대출업무 등 다양한 경험을 쌓을 수 있었고 직원 및 고객들과의 다양한 교류도 자연스럽게 이루어졌다. 특히 저녁 시간에 갖는 소소한 회식 자리, 간간이 가졌던 고스톱 화투 놀이, 다른 은행 직원들과의 축구 시합 등 학창 시절에는 가질 수 없었던 직장생활의 재미를 만끽하기도 하였다.

다만 업무만큼은 책임감을 갖고 철저히 하고자 하였고, 평소의 이런 자세는 감독 당국의 불시 검사도 무난한 수검 성적으로 통과해 상사들의 좋은 평가를 받았다. 특히 고객들에 대한 성실한 응대 및 금융서비스는 최고로 하되 무인감, 무통장 예금 인출과 같은 규정에 어긋나는 과도한 서비스 요구는 사고의 위험 방지와 규정 준수 차원에서, 비록 상사의 지시와 충돌될 지라도 원칙을 존중하는 것을 더 중시하였다.

인간 관계적 측면에서 다소 소원해지고 다른 동료들 대비 약간은 어려운 존재로 비춰지는 것을 감수하긴 했으나 적당히 순종하다가 더 큰 사고에 휘말리는 것을 후일에 이르러 종종 보았으니, 나의 이런 업무 원칙은 나름 나의 직장생활을 지켜준 것이었다.

한편, 세상을 보는 시야를 크고 넓게 해야 나중에 큰일도 맡을 수 있을 것이라는 생각을 늘 간직하고 공부를 좀 더 하기로 하였다. 공부를 하다 보니 합숙소 내 다른 직원들과의 술자리도 확연하게 줄어들었고 약간 소원하게 되는 것은 어쩔 수 없는 일이었다. 오직 은행 업무를 성실히 하는 한편 실력을 기를 수 있는 공부, 이 두 가지에만 재미를 붙이고 살았다.

이때 방송 및 통신형식으로 서울대학교 교수님들로부터 배울 수 있는 한국방송통신대학에 입학하는 길이 생겼다. 지금은 방통대가 4년제 대학으로, 독립적으로 운영되지만 당시에는 2년제 전문대학 과정으로 서울대학교 부속 기관이었다. 나는 방통대 행정학과에 입학하고 2년 만에 졸업하였다. 그때의 공부가 내 인생에 정말 많은 도움이 되었다. 전공이 행정학이었지만 경영학적 측면도 공부할 기회였고 특히 지식을 넓히고자 하는 갈망이 있었기 때문이리라. 당시의 교수님들께서는 주경야독하는 우리를 늘 격려하시고 충심으로 아껴주셨다. 지식과 지혜의 전달에 최선을 다해주시던 모습에 감격한 것은 나만이 아닐 것이다. 진심으로 감사드리고 싶다.

성남지점 근무 당시 한번은 서무 담당 책임자로부터 본점에서 실시되는 1주일간의 외국환업무 연수에 참여하라는 전갈을 받았다. 본점에 가보니 본·지점 소속 중견, 초급 직원을 망라하여 70여 명이 참여하였는데, 연수평가 시험성적이 우수하면 국제영업부 또는 서울지점에서 외환업무를 보게 된다고 했다.

그때 당시 성남지점에 발령받은 지 도 벌써 2년 반가량이 되어 새로운 임지로 가야 할 상황이었기에, 나는 이때다 싶은 생각이 들었다. 고교를 졸업하고 군필 후 입행한 초급 행원의 입장에서는 은행에서 인정받고 두각을 내보일 수 있는 매우 좋은 기회라고 판단한 것이다. 당시 직원의 구성은 대학 졸업 및 군 제대 후 입행한 중견 행원, 고교 졸업 후 18세 전후 곧바로 입행한 초급 직원 A, 고교 졸업 후 군대 제대 후 입행한 또 다른 형태의 초급 직원 B 등 세 가지 경우가 있었는데, 나는 세 번째 경우에 해당되었다. 그에 따라 앞 두 가지의 경우와 대리 초임 승진 기준 연령 비교 시 각각 4~5년 정도의 나이 격차를 기본적으로 안고 가는 것이어서, 이것은 장래 지점장 진출 등 인사제도를 생각할 때 극복하기 어려운 과제가 아닐 수 없었다.

나는 이 은행에서 은행장이 한번 되어보겠다는 생각을 하다가도, 이런 태생적 한계 때문에 곧장 마음을 접기도 했다. 그래도 은행장이 못 되면 임원이라도 되겠다는 꿈을 가져야 되지 않겠나라는 생각으로 스스로를 다잡기도 하였다. 이런 상황이라 나름의 전기가 필요했던 것이다. 이번 외환 연수를 그 계기로 이용해야겠다는 생각은 결과적으로 성공적인 것이었다. 나의 의도대로 이루어졌기 때문이다.

연수기간 동안 정말 열심히 공부하였다. 통상 사용하지 않던 L/C(신용장) 등 국제 용어를 처음 접해보아 다소 이해가 힘들었지만 다행히 목표대로 연수평가 결과 1위를 차지하였다. 멀리 성남에서 온 초급 행원의 평가 결과는 내 이름을 은행 인사 라인에 알리는 결과가 되었다. 예상대로 1980년 9월, 서울 중구 극동빌딩에 있는 서울지점 외환업무 담당자로 발령을 받았다.

지방 근무를 하다가 서울에 오니 직원들이 훨씬 세련되어 보이는 것은 물론, 각 거래기업체의 여직원들은 특히 현대적이라는 느낌을 받았다. 하여간 새로운 외환업무를 빨리 습득하고자 노력하였고, 이곳에서 3년여 일하면서 무역금융, 네고(수출)업무, 수입신용장 발행업무 등 외국환업무 전반에 대해 상당한 전문적 영역을 확보하였다.

한편, 그해 연말쯤에 지점 인근에 있던 동국대학교의 야간과정 편입학공고가 있어 동 대학 경제학과에 지원하고 합격하였다. 2년 과정의 방송통신대학 졸업 학력을 인정받아 자격이 부여된 것이었다. 나는 1981년 2학년 과정부터 수학하였고 1984

년 2월에는 학위를 취득하였다. 학교가 남산 자락에 있어 은행 지점과는 가까웠기에 걸어서 통학할 수 있었다. 사무실 일을 마치고 학교 가는 일은 항상 가벼웠던 기억이 있다. 왜냐하면 통학 거리가 15분 전후로 가까웠고 학교에 가면 한국은행 등 직장에 다니는 친구들과 늘 친근하게 지내고 많은 대화를 할 수 있었기 때문이다. 학교 다니는 동안 경기은행 서울지점 직원들과 경제학과 학생 대항 야구 시합도 내가 주선하여 즐거운 시간을 갖는 등 당시 추억거리는 잊을 수가 없다.

학위 취득을 도와주신 직장 내 여러 선·후배 님들의 도움과 형님 내외의 성원 덕분에 3년간의 대학 과정을 무사히 마칠 수 있었다. 도와주신 한 분, 한 분께 늘 감사하는 마음으로 살고 있다.

1984년 1월경 3년여의 서울지점 근무를 마치고 본점 인사부로 발령받았다. 당시 서울지점장께서는 지점 영업의 안정과 성장을 위해 내가 꼭 필요하다는 입장을 인사부 쪽에 강하게 요청하였으나, 3년 이상 장기근속자 재배치 계획에 따라 결국 받아들여지지 않았다고 하였다. 나는 인사부에서 직원 능력 개발 즉, 연수업무를 담당하였다.

당시 직급별 워크숍을 기획하고 좋은 강사님들을 섭외하여 세미나를 성공적으로 마치는 것은 참으로 보람된 일이었다. 내가 부임하기 전에는 지점장이나 책임자 대상 세미나를 외부 기획사에 의뢰하는 것이 일반적 관행이었는데, 부임 후 보니 우리가 직접 강사나 장소를 섭외하는 것이 비용을 절약할 수 있었다. 또 세미나 주제도 은행의 당면 상황과 미래 발전을 연관시킬 수 있어 더 의미 있는 것으로 생각하였다. 그래서 이런저런 이유로 내가 주관해서 세미나를 해보겠다고 상급자에게 진언하였더니 그대로 수용하여 주셨고, 세미나는 성공적으로 진행되었다.

1985년도 당시 국내의 유명 강사로 계시던 김형석, 이만열, 곽수일 교수님과 조상현 판소리 명창 등을 직접 섭외하여 초빙하였던 기억이 있다. 특히 당시 재무부나 한국은행에 근무하는 대학 동창들의 소개로 재무부 이정재 이재과장(후일 금융위원장), 김명호 한국은행 부총재보(후일 한국은행 총재) 두 분을 내가 직접 사무실로 가서 사정을 설명하고 강사로 초빙하였다. 금융 자유화 등 금융 정책의 변화나 흐름 등을 당국자 입장에서 은행 지점장들에게 잘 가르쳐 줄 것이라 생각했고 이것은 곧 은행의 발전에 도움이 될 것으로 보았기 때문이다. 이런 일들에 대한 평가는 좋은 것도 있었고 조심스러워하는 면도 있었다. 의도나 결과 등은 매우 획기적이고 성공적인 것인데 반해, 관치성 금융 정책이 아직도 살아 있던 상태에서 은행 고위층 입장에서는 의전 등 다소 부담을 느꼈기 때문일 것이다. 지금 생각하면 지방은행의 말단 행원이 당돌하게도 그분들을 직접 만나고 섭외하고 다녔으니 충분히 이해가 가는 대목이라 하겠다.

이곳에서 나는 드디어 1985년 6월 책임자 즉, 은행 대리로 승진하는 기쁨을 맛보았다. 당시 대리직급은 오늘로 치면 과장급이었는데 책임과 함께 권한 또한 상당한 자리였으니 매우 기쁜 일이었다. 많은 은행원 출신 인사들이 은행에서 근무할 때 언제가 제일 기억에 남느냐는 질문에, "대리 승진 때였다"라는 답이 나올 정도였으니 나 역시 마찬가지였다. 그때 아내는 아이 문제로 잠시 지방 친정에 갔던 상황이었는데, 승진 소식을 전해주니 한달음에 달려와 자축하였던 생각이 난다. 나는 승진과 함께 종합기획부 기획 담당 책임자로 발령받았다.

일에 재미를 느끼던 중간 간부

경기은행에서의 책임자 시절은 1985년 승진과 함께 부임했던 기획 조사부(후일 종합기획부로 개편) 때로부터 1998년 6월 인천 모래내지점장 시절까지 대략 13년간의 과정이었다. 이 기간

동안 종합기획부 및 여신관리부 소속 대리, 영업점 여·수신 담당 대리 및 본점 여신심사역, 영업점 업무 전반을 다루고 점포장을 보좌하는 영업점 차장, 그리고 은행의 꽃이라고 일컬어지는 지점장까지 다양한 경험을 하였다.

종합기획부에서 약 7년을 보내면서 은행의 장단기 업무 계획 및 평가, 경영 정책 수립 등 기획업무 이외에 행보(사보)편집 업무를 3년간이나 맡으며 시론을 쓰거나 주요 작가들의 글을 청해 행보에 실었다. 그중에는 이외수 소설가님 등 유명 작가나 직원, 직원 가족 등 아마추어 작가 초대도 하고 임직원들의 메시지, 교양 관련 등 다양한 내용으로 행보를 채웠었는데, 월 1회 발간하였다. 기획부 대리로 7년 장기 근무 할 때는 기획부장, 기획과장님 등 정말 훌륭한 많은 선배님들을 모실 기회가 있었고 그분들 또한 나에 대해 괜찮은 평가를 하였는지 계속 같이 일하자고 붙잡으셨다.

한번은 이런 일이 있었다. 기획부 근무 4년 차쯤 내가 이곳 기획부 업무만 하다가는 은행 내 다른 업무를 모르는 절름발이 은행원이 될 것 같은 생각이 들었다. 그래서 인사부 담당자에게 내가 기획부에 장기 근무 했으니 다른 부서, 다른 업무도 경험할 수 있게 해줘야 장기적으로 은행의 발전에 도움이 될 것이라는 의견을 피력하였다. 이것이 합리적 관점에서 이해되었는지 내가 외국 연수 중이던 때 여신관리부로 발령을 받았다. 내가 국내가 아니고 외국에 있었기에 인사이동 관련 오해는 없었던 듯하다. 그러나 금융 자유화 추세에 잘 대응해야 한다는 명분하에 기획부 쪽에서 나의 유턴을 강하게 요구하여 1달 만에 다시 기획부로 발령받게 되었다.

한편, 1988년경 기획부 대리로 일하고 있을 때 미국의 외환업무 결제 관련 거래 은행이었던 BTC 뱅크에 3개월간 연수를 가게 되었다. 이때는 '88서울올림픽'이 막 시작하려는 8월 말쯤이었는데, 미국의 뉴욕과 샌프란시스코에서 약 30여 개 나라에서 온 은행원들과 교류하며 문화적 충격을 받고 경제 흐름 또한 배웠다. 또한 이 연수를 하면서 아직도 부족한 소양이 많다는 것을 느끼고 있던 차에 아내도 공부를 더 하는 것이 좋겠다고 힘을 보태주었다. 때마침 당시 학생을 모집 중이었던 고려대학교 경영대학원 MBA 수료 과정에 응시하기로 하였다. 내가 미국에서 귀국하기 며칠 전 응시원서가 마감되는지라 아내가 나를 대신하여 두 살배기 딸을 업고 가서 원서를 접수하였다.

귀국 후 시험을 치렀는데 썩 잘 치르지는 못했으나 결과는 다행히 합격이었다. 공부하는 것에 대해 은행의 교육비 지원

등은 없었으나, 인재 양성 차원에서 긍정적으로 배려해 주었다. 인천에서 서울 안암동까지 약 2시간 거리를 1주 3번씩 2년 반 동안 상당한 공을 들여 학교에 다닌 결과로 후일 석사학위를 받았을 때, 아내와 함께 기쁨을 나누며 즐거워했었다. 아내 입장에서는 힘들게 가서 원서를 접수했기 때문에 그 보람이 컸던 것 같다. 후일 여러 측면에서 증명되었지만, 이러한 공부들은 업무능력을 크게 키워주고 세상을 보는 시각을 넓혀준 것은 물론 새로운 직장으로의 채용이나 전직 등에 결정적 도움을 주었다.

공부를 하면서도 업무만큼은 철저히 함으로써 해당 조직에서 꼭 필요한 사람이 되어야 한다는 소신으로 일했는데, 기획부에서는 다소 오랜 기간을 붙잡혔으니 나름의 보람과 자부심을 느끼기도 하였다. 이후 금융감독당국의 정책에 따라 장기 근무자 순환 배치 원칙이 재차 강화되었다. 일부 시중은행 직원들의 일탈로 잦은 금융 사고가 발생했기 때문이다. 이에 따라 인천 숭의동지점 대리로 발령받아 약 20여 개월 동안 여·수신 영업에만 전념하였다.

당시만 해도 은행은 지점장에게 상당한 여신 전결권을 부여하였고 지점의 대리급 책임자는 은행의 중견 간부로서 거래기업체에 영향력을 미치기도 하였다. 따라서 여·수신 물량을 늘리는 형태의 영업 목표 달성이라는 숙제 해결은 항상 힘이 들었지만, 거래처들과의 적절한 관계를 유지하며 일하는 과정은 본점에서 기획하며 머리를 감싸는 것보다는 재미있고 단순한 면이 있었다.

다만, 은행의 영업점은 현금을 다루고 있다는 점에서 늘 주의를 기울여야 했다. 당좌계 담당 책임자로 있던 한 선배 책임자는 어음 결제를 위한 입금 연장 절차를 제대로 지키지 못하고 거래처 편의를 봐주다가 금전적 손실을 입는 경우가 가끔 나온다면서 조심하라는 당부를 해주셨다. 영업실적을 높이기 위해 거래처에 대해 친절하고 유연한 자세를 가져야 하지만 원칙은 절대로 지켜야 사고를 미연에 방지할 수 있다는 뜻이었다. 충고를 깊이 새겨들었다.

또 한 번은 이런 일이 있었다. 내가 대출과 자금 업무를 맡을 때이다. 당시 계산계 업무 및 어음교환 업무를 같이 맡고 있던 직원이 자기앞 수표의 금액을 변조하여 횡령한 사건이 발생했다. 계산 업무는 다른 책임자 소관이나, 교환 업무는 자금 담당인 내 소관이었기에 순간 당황스러울 수밖에 없었다. 결과적으로 이 일은 사고에 대한 본점 검사부 검사, 사고자에 대한 형사

고발 및 횡령액 몰수 등 정상적 절차에 따라 매듭지어졌다.

평소 순수하게 보이던 그가 왜 이런 일을 저질렀을까? 참으로 안타깝게 생각했지만, 결코 있어서는 안 될 일이었다. 다만 나중에 보니 그 자신의 문제와 더불어 지점 내 일부 인사로부터 때로 무시당하는 데 대한 복수심이 작용한 것이 주요 요인일 것으로 회자되었다. 그 사건은 어떻게 인간관계를 형성하고 유지하여야 하는지에 대해 큰 교훈을 주었다. 상호 존중과 서로에 대한 이해 증진이 직장생활에서 얼마나 중요한지에 대해 새삼 깨닫는 계기가 되었다.

그 당시 나 개인적으로는 3급 차장으로 진급해야 하는 중요한 시기였는데, 이 일로 인해 인사위원회에 회부되어 징계가 논의되는 상황이 연출되었다. 내심 많이 낙심하고 있었는데 다행히 위원회에서는 가장 낮은 단계의 징계인 주의촉구 선으로 결정되었기에 진급에 영향을 받지는 않았다.

이런저런 일들을 거치면서 1993년 9월 차장급으로 승진하여 본점 심사부 심사역으로 발령받았다. 심사부는 중견 및 대기업에 대한 여신심사 및 여신영업 전반을 컨트롤하는 곳이었는데 기업의 속성이나 산업 전반의 흐름 및 현실들을 잘 파악하고 여신의 방식이나 적절성 등을 충실히 공부할 수 있었다. 은행 생활을 유익하고 성공적으로 하는 데 있어 크게 도움을 준 곳이었다. 3년 남짓 기간의 심사부 근무 동안은 내가 40대 초반의 시절이었기에 가장 활기차게 일하면서 지냈고 등산이나 골프, 테니스 등 다양한 취미생활을 즐기기 시작한 때이기도 했다.

이후 인천에 소재한 구월동지점 차장으로 발령받아 1년쯤 되어 영업점 고객들과 친밀도가 좀 생기려 하던 때, 다시 심사부 소속으로 발령받고 시화에 있는 동진금속이라는 거래기업체에 파견을 가게 되었다.

동사는 알루미늄 인고트(알루미늄 원자재를 녹여 만든 봉, 알루미늄 휠, 섀시 제조 시 사용됨) 제조업체였는데 환율급등과 매출처 부도 여파로 상당한 자금난을 겪고 있었다. 당시 동사에 대한 은행의 여신 규모가 상당히 큰 상태여서 자금이 외부로 새는 것을 막고 경영 전반에 대한 자문도 좀 하라는 데에 파견 의미가 있었다. 물론 당해 업체의 건전성과 회생 가능성 파악을 현장에서 확인하기 위한 목적도 있었다.

회사의 자율적 경영을 침해하지 않도록 하면서 은행의 여신 자산 보호라는 역할을 수행한다는 것은 그렇게 쉬운 일은 아니었다. 하지만 중견 제조업체의 경영 일상을 현장에서 직접 체험해 보는 귀중한 경험을 해보았다.

회사의 임직원들과는 터놓고 충분히 대화해 합리적으로 일 처리를 하면서 비교적 잘 지낸 편이었다. 그런데 이 회사에도 외환 위기의 여파가 급격히 몰려왔다. 800원대 환율이 수입신용장 결제 시에 1,500원 수준으로 상승하니 회사의 어려움은 가중되었고 자금의 외부 지원을 받기 위해 경영진들이 필사적으로 노력하는 모습을 지켜보았다. 안정적인 회사 경영을 위해 경영자가 어떤 방향으로 가야 되는지를 참으로 많이 배운 기회였고 3개월 만에 다시 심사부로 컴백하였다.

복귀 후 2개월 남짓 있다가 드디어 은행원의 꽃이라고 일컫는 지점장으로 1998년 2월 발령받았다. 2급 승진은 아닌 3급 유지 상태였지만 감회가 새로웠다. 부임지는 인천 남동구 구월동에 소재한 소규모 점포인 모래내지점이었다. 지점장 사령장을 받고 당시 은행장님께 부임 인사를 드리면서 2급 승진이 안 되어 서운한 면도 있다고 말씀드렸더니 직급보다는 지점장이라는 직위를 맡는 것이 중요하고 보람찬 일이라며 격려해 주셨다. 이 말씀은 후일 한미은행으로 전직 시 정말 현실로 입증되었다. 다정하게 웃으시며 격려해 주셨던 故 서이석 행장님의 모습이 지금도 눈에 선하다.

5개월의 단명 지점장

1997년은 대한민국의 경제 위기가 세상 밖으로 드러난 한 해였다. IMF 구제금융을 받게 되는 외환 위기가 노정(露呈)된 것이다. 1997년 한보그룹의 도산과 함께 터진 우리나라의 외환보유고 부족은 당시 수많은 대기업의 도산과 차입금이 많은 중소기업들의 부도, 엄청난 실업자의 속출, 급기야는 상당한 수의 시중, 지방은행의 도산 등을 야기했다. 당시 달러당 환율이 700원 수준에서 1,900원 수준까지 급격한 변동을 보였고 외환보유고는 250억 달러였던 반면 외화 차입금은 무려 1,530억 달러에 이른 상태였다. 특히 1996년 OECD 조기 가입과 그에 따른 외환 자유화로 단기외채가 급속히 증가되고, 태국 등 동남아시아 국가의 외환 위기가 번지자 해외 채권자들의 상환 요구 급증도 위기의 원인으로 파악되고 있다.

이러다 보니 BIS(국제결제은행)권고 자기자본비율(기준비율 8%)이 낮은 은행들의 퇴출설이 등장하기 시작했다. 경기은행의 경우 대한항공 그룹과 선경그룹이 대주주였으나 그들도 증자 여력이 없는 상태였기에 자고 나면 퇴출 위기설이 등장하였다. 은행 간부들끼리 경기은행은 아닐 것이라고 서로 위로도 하고 기대도 하였지만 결국 어쩔 수 없는 상황이 다가오고 있었다.

지점장 발령을 기뻐할 겨를도 없었다. 20년 넘게 일한 직장, 그것도 가장 안전하다고 여겨졌던 은행이라는 직장이 퇴출당할 수 있다는 소문이 정말 가슴 아프게 느껴졌고 특히 부하 직원들의 장래를 생각하니 정말 마음이 착잡하였다.

결국 1998년 6월 경기은행은 BIS비율 8% 기준 미달로 문을 닫는 것이 확정되고 발표되었다. 제대로 영업도 한번 못 해보고 그해 6월 29일 자로 우리는 한미은행에 P&A 방식으로 인수되었다. 1969년 창립이래 만 30년 성년의 시기였다. 당시 192개의 영업점, 2,270여 명의 임직원을 가진 비교적 대형은행이 부도처리 되는 것은 상상도 못 할 일이었는데, 엄연한 현실로 우리에게 다가온 것이다.

퇴출 당시 상황은 정말 필설로는 다 기록하지 못하는 임직원과 그 가족들의 눈물이 있었고 결국에는 뿔뿔이 헤어져야만 했다. 직원들 중 겨우 1/3 정도만 한미은행으로 인수되고 나머지는 모두 새로운 직업을 강요당했으니 참으로 가슴 아픈 일이었다. 은행원을 천직으로 알고 정년 때까지 보장된 직장이라고 생각했다가 막상 퇴출되는 상황에 이르자 직원들은 그저 망연자실할 뿐이었다.

경기은행의 퇴출 요인은 여러 측면이 있겠으나 경기·인천 중심의 수도권 은행으로서 정부 정책에 부응하여 중소기업 등에 대한 과도한 정책자금 대출을 신용 여신 형태로 지원하다가 IMF 사태 여파로 기업들의 부실화는 여신부실로 바로 연계되어 나타났고 이 부실은 결손처리 되어 결국은 은행의 자본금 규모를 감소시켜 BIS자기자본비율이 기준비율인 8% 미만으로 끌어내려진 게 제일 큰 요인이었다. 특히 광명 및 수원본부 건물 신축 등과 같은 부동산 투자 증가, 그리고 ㈜신경기상호신용금고 인수 같은 무리한 투자 등 수익성 없는 자금 운용이 은행 경영에 크게 부담을 주었다.

기업 운영을 하면서 참으로 조심해야 할 것이 과하면 안 되는 것이었는데 그때를 회상하면 정말 아쉬운 부분들이다.

한미은행

 1998년 6월 경기은행 영업 종료 이후 인수은행인 한미은행 측에서 직원들을 대상으로 채용 여부를 가리기 위해 면접을 실시했다. P&A 방식의 인수이기에 부실 자산을 제외한 우량자산 한정 인수 및 전면적 고용 승계가 아닌 부분적인 필요 인원 인수에 방점이 찍힌 형식이어서 인수은행 측에 매우 유리한 혜택이 있는 인수 방식이었다.

 이 과정에서 은행의 고위직 즉 1·2급 지점장, 부장급 책임자는 일부를 제외한 거의 전원이 인수되지 못했다. 나는 당시 지점장이긴 했으나 아직 3급이어서 그런지 전면 배제 대상은 아니었던 듯하다. 지점장 발령 후 부임 인사 당시 은행장님께서

"직급보다 직위가 중요하다"라고 한 말씀이 다시 떠오른 순간이기도 하였다. 최소한 한미은행 입행 관점으로만 볼 때 승진이 그렇게 좋은 일만은 아니었던 듯하다.

한편, 이때 경기은행 지점장 정도의 고위 책임자 입장에서는 사라지는 은행과 더불어 순장되는 것이 맞지 않을까 하는 생각과 아직 초등학생들인 우리 아이들의 장래를 생각할 때 아는 것이라고는 은행일 뿐인 입장에서, 한미은행 입행은 어쩔 수 없는 선택이라는 생각으로 갈등이 있었던 것도 사실이다. 하지만 냉혹한 현실을 받아들여야만 하였고, 이는 다른 직원들도 거의 마찬가지였을 것이다.

우여곡절 끝에 인천에 있는 학익동지점장으로 발령받으면서 한미은행에 입행하게 되었다. 나중에 알고 보니 주경야독으로 공부하였던 것들에 대해 면접관들이 긍정적으로 평가했다는 이야기가 있었다. 아이를 업고 멀리 서울 안암동까지 가서 대학원 입학원서를 접수했던 아내의 노고가 불현듯 생각이 나면서, 인간의 생활은 작은 일이라도 모든 것이 연계되는구나 하고 한편 생각하였다.

학익동지점에서의 지점장 생활은 영업점장으로서는 비교적

좋은 시절이었다. 3천 세대 규모의 아파트 단지 내 상가에 점포가 입점하여 있어 점주 여건이 비교적 양호하고, 성실하며 열정적인 직원들 덕분에 지점 영업실적이 우수하여 행 내 각종 캠페인에서 상위권에 자주 입상하였기 때문이다.

다만 피인수된 입장이다 보니 많은 분야에서 편하지 않았다. 상사들과의 관계뿐만 아니라 파견된 인수은행의 차장 및 과장급 직원과도 소통이 어려웠던 측면이 있었다. 그래도 좋았던 영업실적 덕분이었는지 인사 교류가 필요하다는 본부 인사정책에 따라 경기 출신 지점장에게 한미은행 서울 지역 점포를 맡도록 배려하여 서울 옥수동지점장으로 발령되었다.

옥수동에서 약 6개월 정도 근무하고 있는데, 이제는 경기은행 출신 직원에게 본점 부장급을 맡겨 상호 교류를 통한 경기 출신 직원들의 사기를 높이자는 정책에 따라 본점의 점포개발부장으로 이동하였다. 이때가 2002년 7월이었고 온 나라가 월드컵으로 떠들썩하던 때였다.

본부 시절은 은행장이 매주 주재하는 경영 전략회의 참석을 통해 은행 경영 전반에 대한 통찰력을 키워나가는 데 큰 의미가 있었다. 점포개발 업무도 부동산 및 은행 영업 전략 차원에서 안목을 키울 수 있는 좋은 분야였기에 늘 최선을 다했고 다행스럽게도 경영진의 신임을 받았다.

그런데 한미은행도 IMF 구제금융 여파를 피해 갈 수 없었다. 여신 거래기업들의 도산으로 거액의 결손이 누적되어 자본 증자가 요청되고 있었고 이에 따라 미국계 카알라일 펀드 자금의 수혈을 받은 다음 2004년 2월 씨티그룹이 한미은행을 인수하는 절차에 들어갔다.

다행히 이때는 직원 전체가 고용 승계 되어 다행스러운 상황이었다. 다만, 한미은행 시절 상당수의 선배 직원들이 경영 상황 악화에 따라 명예퇴직이라는 이름으로 은행을 떠나는 아픔이 있었는데, 이 중에는 경기은행에서 어렵게 구제된 직원들도 포함되어 있었다. 본부 부장으로 있으면서도 이 동료들에게 아무 도움도 주지 못하는 나는 정말 안타까워만 할 뿐이었다.

한국씨티은행

 2004년 11월 한미은행은 한국 증권거래소에서 상장 폐지 되고 씨티그룹 서울지점과 통합되어 한국씨티은행으로 새롭게 출범하였다. 씨티은행은 전 세계에 진출한 글로벌 뱅크이기에 기대도 컸지만 철저한 영업관리, 실적 위주의 합리적 인사관리, 냉정하리만큼의 계수관리 및 경쟁체제 도입 등 몇 가지 걱정되는 부분도 있었다. 이런 우려는 예상과 같이 모두 현실이 되었고, 이것은 피할 수 있는 것이 아니라 적응의 문제였기에 나는 이들을 긍정적으로 접근하고자 하였다.

 영어 소통 능력 등 부족한 부분이 많았지만 4년 반 정도의 본부 부장 생활을 마치고 2005년 초에 강남 지역의 부촌인 도곡

동 지역의 타워팰리스 아파트 인근 도곡중앙지점 지점장으로 발령받았다.

이 점포는 은행 소비자금융그룹 점포 중 제일 큰 규모의 점포였다. 씨티은행의 PB 영업방식은 Wealth Management 분야에 집중하고 펀드, 방카슈랑스 등 다양한 상품을 주로 부유층 고객들에게 판매하여 수익원을 넓혀나갈 수 있는 것이었는데, 도곡중앙지점은 여기에 최적화된 점포였다. PB 영업은 고객들에게 돈을 벌어주고 은행 또한 수익을 챙기는 방식이었다. 그런데 때로 판매한 상품이 목표 수익을 채우지 못하거나 손실이 나는 경우가 있어 이때 고객들의 불만을 다독거리며 잘 응대해 드리는 것이 나의 주요 과제였다.

이곳 지점장을 하면서 다양한 고객들과 많은 대화를 나누었고 특히 교수, 기업체 대표자 등 후일 장관으로 발탁된 분들과도 친해지기도 하였다. 또, 펀드나 유가증권에 대해 관심을 갖고 다양한 지식을 쌓아 나갔다.

이곳에서 특별히 기억할 만한 일이 몇 가지가 있다. 그 하나는 군인공제회 회원들에 대한 자체 회원기금 대출을 씨티은행 대출로 전환해 준 것이다. 지점 건물이 군인공제회 소유 건물

이어서 공제회 측과 많은 소통과 교류가 있었다.

군인공제회는 '군인 및 군무원의 생활안정과 복지증진을 도모하고 국군의 전력 향상에 이바지함을 목적으로 설립된 단체'로 회원들은 이 단체에 회비를 납부하거나 공제회에 자금을 예치하고, 공제회는 이들 기금을 원천으로 자금이 필요한 회원에 대출, 잉여 자금은 부동산 및 금융투자를 통하여 수익을 창출하고 이익금은 회원들에게 환원하여 주는 단체이다.

나는 회원에 대한 대출을 은행 자금으로 전환할 경우 은행 대출 규모는 증대되고 수익성 또한 충분히 확보되는 한편, 회원기금이 담보로 활용될 수 있다는 점에서 리스크 없이 영업 규모를 확대할 수 있어 일석이조의 효과를 얻을 수 있다는 확신으로 공제회 실무진은 물론 고위직들과 소통하는 데 전력을 다하였다. 이를 시행할 경우 회원들은 종전 방식의 대출보다 2%p 남짓 금리가 인하되는 효과를 얻고 공제회는 수천억 원의 여유자금을 확보하여 새로운 투자처를 확보하고 수익 증대를 도모할 수 있는 좋은 제안이었다.

1년여에 걸쳐 전력을 다한 결과 소기의 목적이 달성되었다. 부정적 소견을 갖고 있던 본부 및 지점 내 일부 직원과 공제회

측 직원을 설득하는 한편, 전산화 작업 등을 추진하는 데 많은 시간이 소요되었다. 특히, 씨티그룹 인수 직후이다 보니 씨티그룹 뉴욕 본사 리스크 관리본부의 내부 승인을 받는 데까지도 노력을 기울여야 했다. 이 과정에서 하영구 은행장님의 적극적인 지원이 있었다. 내가 주도하여 공제회 이사장 등 고위 당국자와 운동 및 식사 모임을 성사시켜 함께 하기도 했다.

많은 애를 쓴 만큼 그 성공의 열매는 컸다. 이 한 건의 성공으로 우리 지점의 자산규모는 전년 대비 2천억 원대에서 4천5백억 원대로, 수익 규모도 두 배 이상인 150억 원 내외로 증대되었고 직원들도 승진 및 성과 보상 평가 시에 우대되었다. 그런데 정작 나의 경우는 연초 상반기 인사 발령 시 1급 승진에서 누락되어 아쉬운 마음이었다.

당시 전체 4천 명 직원의 1%대만 1급 직원이 되는 등 희소성이 있었는데, 내 경력이 본점의 부장도 거쳤고 경기은행 출신 후배 직원들을 생각할 때 좋은 영업실적을 보여준 이번 기회에 승진하는 것이 필요하다고 내심 생각했었다. 그래서 이번 승진 누락은 무엇인가 나에 대한 오해나 편견이 있지 않았을까 하고 생각했다. 이것을 바로잡을 필요가 있다고 생각한 나는 나중에 서울 지역 지점장 연합등산대회에 참가했을 때, 당시 고위 임원께 "나는 은행장님이나 높은 사람에게 찍힌 것 아니냐고 몇몇 직원들이 얘기하더라"하고 넌지시 한번 말씀드려 보았다. 그랬더니 "그게 무슨 얘기냐"고 반문하셔서 승진 누락 관련 얘기를 해드렸더니 그러냐고 웃으시기만 하셨다.

그런데 그해 8월 어느 날 하반기 인사 발령이 있었는데, 1급 승진자로 내 이름이 발표되었다. 퇴근길, 집에 거의 도착했을 때 본점에서 전화가 왔다. 급히 차를 세우고 전화를 받아보니 은행 고위 임원님의 전화였다. 그분께서 웃으며 승진을 축하해 주면서 "이제 박 지점장이 찍힌 게 아니라는 것을 우리 직원들이 믿을 수 있게 되었겠지"하고 말하며 격려해 주셨다.

나는 이듬해 경영평가 최우수지점장 자격으로 씨티그룹 아시아 지역 본부가 있는 싱가포르로 출장을 가서 다른 나라 직원들과 함께 1주간 세미나 참석 및 골프, 관광 등을 즐기는 추억을 쌓는 멋진 경험을 하였다.

또, 한 가지 기억할 만한 일은 아끼던 부하 직원의 하극상이 있었던 일이다. 어느 날 과장급 이상 책임자 직원 포함 여섯 명이 1박 2일 워크숍을 갔을 때, 한 책임자가 상당한 음주 상태이기는 했지만, 인력 운용 등 지점 운영 방식 등에 대해 나에게

격한 말을 쏟아 내었다.

 평소 아끼던 부하였기에 속으로는 배신감을 느끼고 화를 참기 어려웠지만 나는 리더십의 위기를 직감하고 끝까지 인내심을 가지고 이야기를 들어주고 다른 책임자들을 자제시켰다. 해당 책임자는 다음 날 내게 무릎을 꿇고 사과했지만, 사과를 그냥 받아들이기엔 마음의 상처가 상당히 컸었기에 쉬이 잊히지 않았다.

 그 일로 지점의 분위기는 상당히 안 좋아졌다. 다만, 세월이 약이라고 했던가, 그 기억은 영업에 매진함으로써 자연스럽게 잊혀갔다. 그 책임자는 6개월 후에 타 지점으로 전근 발령을 받아 이동하였다. 이후 나는 사람에 대해 어느 수준까지 마음을 열어야 하는지 늘 고민하면서 매사 조심하는 자세로 임하는 것이 필요하다는 것을 체득하였다.

 그가 왜 그런 행동을 했을까? 그런 일이 있은 후 많은 생각을 해보았으나 딱히 그 이유가 선명하게 떠오르지 않은 것이 사실이다. 단지 경기, 한미, 씨티은행 이렇게 출신에 따라 각자의 입장에서 다른 생각이나 문화가 작용되지 않았나 라고 추정해 보았다. 지점 내 권력 쟁탈, 또는 인사고과 우대문제 등 일종의 정치적 행위가 내재되어 있다가 술김에 터진 것으로 볼 따름이다.

이후 2007년 11월 나는 구리지점장으로 발령받았다. 구리지점은 당시 구리시의 시금고를 맡아 운영하는 점포였기에 나는 구리시장 및 지역유지들과 활동하는 시간이 많았다. 시의 각종 행사에 초대되고 격려사나 축사를 하는 일종의 지역유지나 정치인 역할도 해야 하는 자리였다. 이는 저원가성 수신유치를 통한 수익 증대에 시금고 운영이 큰 도움이 되기에, 시 관련 일이라면 어떤 것이라도 적극적으로 하여야 했기 때문이다.

서울의 위성도시인 구리에서의 1년은 나름 기억될 만한 은행생활이었으며, 한편 정치의 이면을 보는 기회도 되었다. 시장, 시의원, 국회의원들과의 교류 자체가 정치였던 것이고 시 공무원들의 일상적인 생각과 지향점, 인사 문제에 대한 그들의 이야기들 자체가 정치였던 것으로 기억된다.

나는 구리에서 1년 동안 근무하다가 2008년 12월 말 명예퇴직하였다. 내 나이 만 54세 때이었는데 은행 내 부점장 중 제일 많은 나이였고 상당액의 퇴직 위로금을 받는 것을 감안하면 3년이라는 시간을 미리 사는 것이란 생각에 서슴없이 사직원을 제출하였다.

이로써 일반 은행원으로서의 30년 9개월의 생활은 마침표를 찍게 되었다. 돌이켜 보면 정말 쉽지 않은 여정이었지만 은행 생활을 하면서 두 아이 모두 대학 졸업도 시키고 나름의 경제생활도 가능했기에 진정 감사하는 마음으로 은행 문을 나섰다.

은행 퇴직 이후

 30년 넘는 은행 생활이 몸에 밴 나로서는 새로운 직장에 취직하는 것도, 나이 등을 고려할 때 선택할 만한 상황이 아니었다. 단지 8개월 정도는 실업급여도 나오고 하니 쉬면서 생각해 보자는 상태였다. 당시 유가증권 시장이 좋아 주식 투자 등을 통해 워런 버핏 같은 회사를 만들어 보는 꿈을 가지기도 하고, 작은 무역회사를 하나 해볼까 하는 생각을 하기도 하였다.

 그러나 선택은 쉽지 않은 과제였다. 그때 도곡중앙지점의 고객이었던 부동산회사 김 모 회장께서 자기 회사 사무실이 넓고 여유가 있으니 필요하다면 일부분을 사용하라고 해서 매일 나가게 됐다. 회사에 재직하듯 매일 출근하여 틈틈이 부동산 물

건 현장도 가보고 컴퓨터를 활용해 주식 투자를 하기도 하면서 시간을 보내고 있었다.

당시 대세 상승기였던 덕으로 주식 투자에서 약간의 성과를 거두기도 하였다. 또 용평이나 제주 등 부동산 매물 실사 작업도 따라나서는 등 부동산 공부를 하였다. 이는 나름 재미있기도 하였지만 살아가야 할 남은 세월을 생각할 때 무언가 확실한 일거리를 가져야 한다는 압박감도 느꼈다.

씨티은행을 퇴직한 지 10개월쯤 된 2009년 10월쯤, 전 한미은행 본부 부장으로 함께 근무했었고 당시 인천저축은행 대표로 계시는 선배로부터 연락이 왔다. 인천저축은행 전무로 함께 근무하자는 것이었다.

당시 저축은행에 대해서 나는 전혀 문외한이었다. 은행이라는 명칭은 시중은행과 동일하게 쓰고 있었지만, 일반적인 업무 범위나 영업방식 등은 완전히 달리 가져가야 수익도 나고 계속 기업으로 존재할 수 있었다. 일반 은행보다 확실히 큰 리스크를 감당해야만 수익을 낼 수 있는 투자은행적 성격이 강한 곳이었다. 1998년 IMF 상황 이전 인천 지역의 저축은행 수는 12개였다가 4개로 줄어들 정도로 리스크가 큰 업종이었다.

한편, 2009년 당시에는 미국의 서브프라임 모기지 부실로 인해 리먼 브라더스사가 부도 처리 되는 등 금융위기 여파가 한국에도 엄습하던 상황이었고 이후 3년간 국내에서 120여 개 중 40개의 저축은행이 퇴출, 또는 합병 형식으로 사라지고 79개만 남은 상황이었다.

때마침 인천저축은행도 이런 상황에 더해 은행 내부통제 문제로 어려움을 겪고 있던 실정이었고, 그 당시 나를 호출했던 은행장과 같이 취임한 바 있던 전무이사가 개인 사정으로 취임 3주 만에 사표를 낸 상황이었다.

나중에 안 사실이지만 은행장께서 몇몇 인사에게 전무직을 제안했지만 고사하고 받아들이지 않았던 것 같다. 그만큼 저축은행의 임원직은 은행이 잘못되면 연대하여 책임을 져야 하는 상호저축은행법의 규제가 있어 당시 상황에서는 직을 맡지 않으려고 했던 것이다. 그러나 나는 제안을 받고 인천저축은행에 대해 몇 군데 탐문해 보고 여러 사항을 리뷰해 보았다.

인천저축은행은 자산규모 2천억 원대, 자기자본 189억 원 규모의 그리 크지 않은 곳이었고 연체율, 고정이하여신비율 등이 매우 높아 우려가 컸던 것은 사실이나 대주주께서 가진 평판이나 성실성 등이 참으로 존경스럽다는 생각을 했고, 역량은 부족하지만 은행 임원으로 합류하여 최선을 다해 보필하겠다는 뜻을 선배께 전달하였다. 어려운 경영 상황은 열정을 가지고 영업한다면 충분히 극복될 것이란 판단을 하였고, 대주주만 정도경영을 한다면 다른 것은 문제 해결이 가능하다고 나름 판단했다.

BAKER
45

Ⅱ. 저축은행 15년
인천저축은행

위기는
극복되라고 있는 것

 드디어 2009년 11월 1일 자로 인천저축은행에 출근을 시작하였다. 시중은행과는 다른 시스템이었으나 불특정 다수인의 예금을 모아 또 다른 다수인들에 대출을 해주는 기본적 기능은 은행과 같은 것이었기에 어렵지 않게 업무에 적응할 수 있었다. 임직원들도 모두 좋은 분들로 구성되어 상호 격의 없이 대화하고 소통하였다.

 당시 은행이 안고 있는 문제는 대략 세 가지 정도였다. 그 하나는 자기자본의 부족으로 인해 업세를 신장시켜 수익과 자산을 늘리는 데 한계가 있는 것이었다. BIS비율을 법정 수준인 8% 이상으로 유지하면서 위험자산을 늘리는 데에 어려움이 있었고, 동일인당 여신취급 한도액도 최대 20억 원 까지만 가능하였기에 영업 활성화 및 수익력 확대에 제한이 있었던 것이다. 그렇다고 대주주들의 상황 감안 시 현금성 자산이 한정되어 증자를 요청할 형편은 못 되었다.

다음으로 그즈음 상당수 저축은행이 도산에 이르게 된 배경에는 PF(Project Financing) 여신의 부실화에 기인한 관계로, 임직원들의 영업 문화는 부동산개발 관련 여신 취급을 거의 하지 않을 정도로 보수적인 관점이었는데 이러한 문화가 저축은행의 영업수익 확대에 크게 제한적으로 작용했다. 부동산개발 관련 여신이 리스크가 큰 것은 사실이었지만 수익 극대화를 가져오는 데에는 가장 효과적인 수단이었다. 어찌 됐든 증자하는 방식을 제외하고 자본력 확충을 도모하는 것은 당시 은행의 당면 과제였다. 그런데도 관련 영업을 추진하는 것이 무모한 것으로 인식되었던 것이다. 다른 부문 영업은 당국의 규제 및 금리가 낮은 시중은행과의 경쟁 때문에 사실상 영업확대가 어려운 실정이기도 하였다.

또 다른 하나는 숨겨진 부실 규모가 상당액에 달하였다는 것이다. 종전 취급 된 부동산 관련 부실여신 및 관내 다른 저축은행과 공동으로 진행된 부실신용여신, 그리고 일부 사고 여신 등

규모가 상당액에 달해 한꺼번에 대손충당금을 적립할 경우, 당시 자기자본을 상회하는 결과가 되고, 이는 곧 자본 잠식 상태를 의미하여 엄밀하게 표기하자면 자기자본비율이 마이너스로 나타나게 될 상황이었다. 그러나 다행히 금융당국의 조치에 따라 부실여신을 캠코, 즉 한국자산관리공사에 매각했다가 3년 후 환매하는 방식으로 시간 유예가 허용되었다. 이에 따라 공시자료상으로는 법정 자기자본비율 8%를 넘는 것으로 표기할 수 있어 증자 없이 은행 영업을 지속할 수 있었다. 다만 3년 이후에 부실여신을 다시 사들이고 자본금 증자 없이 법정충당금을 제대로 적립하려면 열심히 영업이익을 늘려나가야 했다.

시중은행 여신과 달리 리스크가 상대적으로 큰 저축은행 특유의 부동산개발 관련 여신을 할 것이냐, 말 것이냐에 대해 나는 많은 고민과 생각을 하게 되었고 그 결과 어려운 은행 사정을 되돌리는 길은 결국 수익력을 확보하여야만 모든 문제를 해결할 수 있다고 보고 동 여신의 취급을 추진하되 철저한 현장점검 등 리스크 예방에도 최선을 다하기로 하였다. PF성 여신의 취급을 우려하는 직원들을 대상으로 직접 현장에 가서 분양 전망 및 인근 주민의 반응을 살피게 하면서 우리가 이익을 내서 자본력을 강화하지 않으면 결국 대주주의 증자가 필요하고 이 경우 결과적으로 인적, 물적 구조조정을 감내해야 한다고 설파하며 대출 취급을 독려하였다. 실제로 당시 상당수 저축은행들은 적게는 수십 억 많게는 수백억 원의 납입자본금 증자를 하고서야 퇴출을 면하고 있는 실정이었다.

어느 날 한 여신 건에 대해 승인 결재 하고 여신심사위원회에 부의하도록 하였는데, 외부 출장 후에 돌아와 보니 동 PF 여신 건에 대해 위원회에서 부결로 심의되었다는 보고를 받았다. 그만큼 PF 건에 대해서는 임직원들이 부정적인 인식을 갖고 있었는데, 이들 위원들을 강압적이지 않은 토론과 설득을 통해 생각을 바꾸는 과정에 상당한 노력을 기울여야만 했다. 따라서 그들을 현장에 다시 가보도록 독려했고 인근 부동산들을 방문하여 사업성과 분양성 등을 다시 검토하도록 했다. 유동 인구의 흐름 등 상권 파악에도 최선을 다해보는 등 부정적, 긍정적인 면을 모두 펼쳐놓고 여신 건을 재심의할 것을 요청했다. 결국 심의위원들 간 난상토의 끝에 통과되고 여신의 취급이 결정되었다. 후일 동 여신은 무난히 상환되었고 상당한 수익을 남겨주었다. 큰 부작용 없이 임직원들의 이해를 구하고 공감하는 일은 어렵고 시간이 걸리긴 했지만 잘한 선택이었다. 만일 강압적으로 했다면 여신이 빠르게 결정되었을지 모르나 반발심이 내재되고, 다른 일의 추진에도 부정적 영향을 주었을 것이다.

이 여신 취급의 경험은 상당한 의미가 있었다. 결국 자연스럽게 PF 여신을 취급해도 된다는 인식의 결과가 되었고 그런 여신들이 반복적으로 진행되면서 이익 규모도 커져나갔다. 이 과정에서 고객들에게 빠른 의사결정을 각인시켜 주었고 나름대로 고객들의 좋은 호응이 있었다. 저축은행이 중·소규모 주택건설업체를 지원하여 서민주택 건설을 활발하게 하는 것은 정부 정책을 따르는 한편 서민들의 주거 안정을 위해서도 좋은 기능을 한다는 점에서 나름 자부심을 느끼는 계기가 되었다.

이때 개인들에 대한 신용대출 영업, 즉 소비자금융을 개시할 것인지에 대해 많은 고심을 하였으나 당시 주요 임원의 반대, 전산 투자 비용 증대, 리스크 관리 등 몇 가지 사유로 인하여 추후 과제로 넘겼는데, 나중에 생각하니 좀 아쉬운 결론이었다. 규제가 많은 저축은행으로서는 언젠가 수행해야 할 영업이었다.

인천저축은행은 캠코(한국자산관리공사) 환매 여신의 재매입 및 대손충당금 정상 적립 등의 문제로, 내가 입행한 지 6년이 지나고 나서야 재무제표상 제대로 된 흑자 결산 결과를 공시하게 되었다. 그 6년 동안에 그래도 상당한 영업성과가 있었기에 약 200억 원 내외의 부족 자본금을 메꿀 수 있었다.

이러한 다행스러운 결과 때문인지 전임 대표님의 퇴임에 이어 내가 2015년 9월부로 대표이사직을 수행하게 되었다. 나는 우리가 지키고 준수해야 할 덕목으로 합리성, 효율성, 수익성, 준법성 등 네 가지를 제시하고 임직원들을 일깨워 나갔다. 취임식부터 퇴임 때까지 네 가지 지침을 늘 강조하고 임직원들의 업무나 행동의 기준으로 삼도록 하였다. 지금 돌이켜 보면 매우 효과적이고 선제적인 내부통제 지침으로 작용하였다고 생각된다.

다행스럽게도 우리는 2016년 결산 시부터 주주 배당을 개시하였다. 영업수익 실현을 통해 70%는 내부 유보 하여 자기자본비율을 올리고 30%는 주주 배당을 통해 주주들의 기대치를 충족시키는 미국식 자본주의를 실현하고자 하였다. 물론 임직원들의 성과 보상도 내가 과거 근무했던 씨티은행 방식으로 합리적 모형을 만들어 실시하였다. 2022년도까지는 직전 4년간 5천억 원 정도의 자산규모에 연평균 100억 원 내외의 당기순이익을 실현하였고, 자기자본비율 포함 각종 비율이 매우 우수한 상황으로 바뀌어져 예금보험공사 평가도 수년간 1등급을 유지하였다. 이에 따른 예금보험료 차등납부제도 시행 덕분에 예금보험공사에 매년 내야 할 보험료를 할인받을 수 있었고 할인된 보험료만 해도 수억 원에 달하는 성과를 냈다.

1등급 저축은행이 맞은
새로운 위기

위기를 극복하고 우수 저축은행으로 도약했던 2021년 3월, 인천저축은행에서 세 번째 임기를 시작하였다. 저축은행의 영업 특성상 일정 규모의 자산을 유지해야 계속기업이나 배당률 유지 측면에서 필요하다고 보아 리스크가 큰 부동산 관련 여신을 상당 부분 취급하지 않을 수는 없었지만, 최대한 주의를 해야겠다는 생각을 스스로 다짐하면서 3기 업무를 시작하였었다.

그러나 관성의 법칙이랄까, 주변을 의식했다고나 할까. 종전 해오던 대출 영업 관행을 쉽게 전환시키지 못했다. 위험자산규모를 상당 부분 줄여야 했으나 그렇지 못했던 것이다. 자산을 급격히 감소시킬 경우 지역 내 다른 저축은행과 대비해 적정한 자산규모를 원하는 일부의 요청에 부응하지 못하게 되고 또 배당 등이 상당 폭 줄어들 수밖에 없다는 점을 고려하였다. 특히 그간 지점 신설 등을 해서라도 자산규모의 성장을 원하는 주변 입장에 대해 지점 설치는 고정비 증대 및 영업력의 한계로 리스크만 커진다면서 본점 영업만으로도 자산 성장을 충분히 도모할 수 있다고 주장해 왔던 터라, 다운사이징 영업을 쉽게 채택하지 못했다.

지금 생각하면 당시 자산규모의 축소 적정화 문제를 내심 많이 고민했으면서도 현실 업무에 수용하지 않은 것은 결과적으로 좋은 결정이 되지 못했다.

나는 경기, 한미은행의 도산에 따라 겪었던 그 어려움들을 임직원들에게 늘 교육하고 우리가 항상 만일의 사태 발생 가능성에 대해 주의를 기울여야 한다는 점을 여러 차례 강조하면서 여신 취급 시 각별히 조심할 것만 당부했었다. 애초에 취급 자체를 줄였어야 했는데 말이다. 더욱이 당시 미국의 금리 인상 여파에 대해서 씨티은행에서의 경험칙상 미국 연방제도 이사회의 금리 인상은 급격하고 단기간에 큰 폭으로 인상시킨다는 점을 알고 있는 나 스스로 상당히 긴장하고 있었으면서도 느슨한 결정을 했으니 더욱 아쉬움이 든다.

이런 결정을 한 데는 당시 BIS 자기자본비율이 기준비율 8%의 두 배 수준인 15%대, 자기자본 650억 원 내외로서 비교적 안정된 재무 상황을 공시하고 있었던 터라, 손실 규모 증대에 따른 자본 감소는 어느 정도 감당할 수 있으리라고 보았던 자신감이 일부 작용한 것도 있었다. 수년간 매년 당기 이익 규모를 늘려 내부 유보액을 키웠고 여신 자산을 늘리면서도 BIS비율은 오히려 증대시키는 전략을 지속적으로 해왔기에 손실 흡수능력이 상당하다고 과신하는 평가를 했던 것이다.

그러나 금리 인상과 정부 정책 변화는 예상외로 심각하게 우리를 힘들게 했다. 2022년 초 시작된 미국 기준금리 인상은 18개월에 걸쳐 0%대에서 5.5%까지 인상되었고 한국은행 기준금리도 1%대에서 3.5%까지 인상되었다. 그러나 저축은행에 이보다 더 무서운 것은 오피스텔을 일반 아파트처럼 1가구 1주택 범주에 포함하는 등 투기 예방적 차원에서 시행한 부동산 정책의 급격한 변화와 함께 상호금융기관인 새마을금고, 신협 등의 여신규제였다. 이것은 수많은 중소 주택건설업체의 부실화와 함께 새마을금고, 신협, 저축은행 등 제2금융권의 경영을 어렵게 하는 것이었으며, 한마디로 목줄을 죄는 결과로 대두되었다.

이런 상황은 일부를 제외하고 모든 저축은행들에 닥치게 된

공통 현상이었다. 물론 상당수의 저축은행이 부동산경기의 활황에 편승하여 수년간 과도한 자산 불리기에 나서는 등 과욕을 부린 영향도 컸다. 저축은행들의 주요 여신은 주로 토지담보대출로 불려지는 브릿지론 및 아파트나 오피스텔 분양자들이 받는 중도금 대출, 그리고 부동산개발 시행 자금인 PF 여신이 주를 이루는데 이 모든 것이 대내외적 요인으로 인해 어렵게 된 것이다. 오피스텔이 주택 수에 포함되어 분양이 어렵게 되고 오피스텔 수분양자들도 소송을 제기하여 계약을 파기시키려 하는 한편 브릿지론 차주들도 사업 진행이 어려움에 직면함에 따라 이자 지급 능력이 크게 떨어지게 되었다.

　이런 일들이 지속되고 있을 때인 2024년 초 나는 3연임 임기 만료가 되었고 주주 측의 의지에 따라 어려움이 예상되는 저축은행을 뒤로하고 퇴임하게 되었다. 걱정과 아쉬움이 교차한 것은 사실이었지만, 자본주의 시장경제 체제에서 주주가 그 권한을 행사하여 이사를 임면하는 것을 당연한 것으로 받아들이고, 주주총회에서의 인사를 끝으로 내 소임을 마쳤다.

　정들었던 은행을 나오면서 이 은행을 위해 내가 할 수 있는 것이 무엇인가를 고민하였다. '거센 파도가 몰아칠 것이 예상되는 항해를 뒤로하고 의도치 않게 갑자기 배에서 내려야 할

선장이라면 어떤 도리를 취할까?' 하고 생각했던 것이다. 그래서 경영지원본부장을 불러 이사회 결의를 거쳐 지급받은 나의 전년도분 이연 성과 상여금 전액을 은행에 반환하는 조치를 실행하도록 하였다. 이것이 밀알이 되어 닥쳐오는 어려움 극복의 제물이 되기를 바라는 간절한 뜻을 담은 행동이었다. 해당 본부장은 만류하는 모습을 보였지만 2~3년 후 은행이 위기를 극복하고 안정된 상태가 되어 그때 다시 받을 수 있도록 최선을 다해달라며 당부하는 것으로 이 일을 매듭지었다.

한편, 퇴임 당시 마침 대주주님의 병세가 심해져 향후 대응 방향 등에 대해 구체적 얘기도 제대로 나누지 못하고 후임 경영진이 그저 잘 대처해 주기만 바라고 나오게 된 것은 매우 아쉬운 대목이다. 그러나 부디 어려운 상황을 잘 극복하고 1등급 저축은행의 영예를 다시 찾기를 간절한 마음으로 바라면서 특별히 사랑하는 직원들과 아쉬운 작별 인사를 나누었다.

이로써 15년 저축은행 생활을 마감함과 동시에 45년 은행 생활도 마감 지어졌다. 긴 세월의 직장생활이 종료된 것이다.

저축은행 업계의
안정과 발전을 위하여

 상당 기간의 저축은행 맨으로 일하면서 전국의 저축은행과 거기에 종사하는 임직원들에 대한 애정이 나도 모르게 점점 커졌다. 같이 몸을 담았기에 자연스러운 측면도 있었겠으나 시중은행보다 어려운 환경을 이겨내야 한다는 점에서 더 그랬던 것 같다. 대표로 있으면서 저축은행의 위상도 높이고 그 구성원들에 대한 대우도 일반 은행원의 85% 내외 수준까지 이르게 하는 것이 나의 소망이자 목표이기도 했다. 제대로 완수하지 못하고 퇴임을 했으나 후일에는 반드시 이루어지길 기대한다.

 저축은행의 역사를 뒤돌아보면 크게 2번의 대변혁기가 있었다. 1998년 IMF 외환 위기와 앞에서 설명한 2009년 미국의 서브프라임 모기지론 부실 사태에 따라 리먼 브라더스 증권사 파산 등이 일어났던 금융 위기 때인데, 2번의 위기에서 150개 이상의 국내 저축은행이 도산되거나 흡수 합병 되었다. 현재 영업 중인 저축은행이 79개라는 현실을 볼 때 얼마나 큰 상처를 입었는지 알 수 있다. 그런데 최근 저축은행들은 앞의 2번 위기 정도는 아니더라도 참으로 어려운 위기를 맞고 있다. 감독 당국의 지도하에 많은 대비를 해왔기에 그나마 이 정도의 사정이고 앞으로 더 많은 인고의 시간이 필요할지 모른다.

이 어려운 시기를 어떻게 이겨낼까? 물론 저축은행 임직원이나 주주들의 대단한 노력은 말할 것도 없이 필요하다. 이에 더해 기준금리의 인하 등 대외 여건의 개선이 필요한데 다행히 미국은 물론 국내 기준금리가 인하 추세인 만큼 큰 힘이 될 것이다. 조달 금리를 낮추는 한편 부동산 시장 활성화에 도움이 되어 부동산경기와 밀접한 저축은행들의 영업 활성화가 기대되고 부실채권 정리에 도움이 되기 때문이다. 그러나 이것만 가지고는 상황이 완전히 호전되기는 어려울 것 같다.

적어도 부동산 경제 영역의 자유시장 경제 원리가 좀 더 작동할 수 있는 여건이 조성되어 시장 참여자들의 인센티브가 확대되어야 한다고 본다. 부동산 투기 문제로 다소 과다한 규제

조치들은 최근 정부가 시행령 완화로 일부 풀어주었기는 하나 전체 시장을 살리는 데는 아직 부족한 듯하다.

특히 주로 은퇴자들이나 여유 계층이 월세 임대용으로 매입하는 일정 평형 이하 오피스텔을 주택 수에서 제외시키는 등 적어도 2021년 8월 이전의 상태로 되돌리는 것이 소형 오피스텔이나 도시형 생활주택의 매입 수요를 유발하고 부동산개발 사업이 소규모나마 활성화될 길이 열리지 않을까 하는 바람이다. 이것이 곧 중소주택 건설업체를 살리는 길이고 레미콘 사업이나 건자재업체 그리고 일자리가 사라진 건설 노무자를 살리는 길이며 궁극적으로는 저축은행, 새마을금고 등 제2금융권에 온기를 불어넣을 것으로 예상된다. 끊어진 핏줄이 조금이나마 봉합될 수 있기 때문이다. 이렇게 됨으로써 부실 PF 자산을 줄이는 효과가 자연스럽고 부드럽게 따라올 수 있을 것으로 생각한다. 정부와 국회에서 시장 현실을 냉정히 살펴보고 관련 법 개정을 통해 시장을 살려주기를 소망해 본다.

이런 단기적 대책과 더불어 저축은행 경영자나 소유주들은 장기적으로 저축은행이 금융기관이라는 점을 항상 직시하고 자산규모 성장 규모를 매년 5~10% 정도 범위 내로 제한하여 설정하는 등 과도한 자산, 수익 증대를 자제하는 한편 늘 균형

감각이 유지될 수 있는 경영을 모토(Motto)로 삼는다면 더 이상 위기에 휘말리지 않을 것으로 믿는다. 저축은행과 그 임직원들에게 안정과 발전이 있기를 간절히 바라는 마음이다.

BAKER
45

Ⅲ. 성장기 이야기

어린 시절

고향

우리는 태어나고 자란 곳을 고향이라고 말한다. 고향은 정말 포근하고 정겨운 곳이다. 나의 고향은 월출산으로 유명한 전남 영암의 한 시골 마을인데, 우리 집 앞으로는 멀리 월출산이 자리 잡고 뒤로는 백룡산이라는 작은 산이 감싸고 있는 곳이었다. 모두 고향에 대해서는 아름답고 좋은 곳으로 생각한다.

나의 고향도 그렇게 자랑에 있어서는 인색하지 않을 정도다. 남도의 금강산으로 불리게 될 만큼 아름다운 월출산을 아무 제약 없이 매일 즐길 수 있고, 지대가 높아 풍수해 피해가 거의 없는 매우 안전한 마을이다. 70여 호의 가구가 살고 있었는데 박, 신, 최씨 등 3개 성씨가 특히 많았다. 지금은 30호 가구 정도로 줄어들어 인구가 감소하는 농촌의 현주소가 그대로 드러나고 있다. 천수답이 많아 지금 생각해 보면 경제적으로는 열악한 측면이 많았다. 그래도 순박한 사람들이 옹기종기 평화롭게 살던 곳이었다.

한국의 모든 농촌이 그랬겠지만 60년대 초반까지만 해도 전기가 들어오지 않아 밤에 화장실 갈 때면 컴컴하여 무서움을 느껴 형이나 동생에게 같이 가자고 했던 기억이 있다. 집 안에 수도 시설이나 샘이 없어 동네 우물에서 어머니나 누나가 식수 동이를 머리에 이고 날랐으니 새삼 그분들께 머리를 숙인다.

고향에 대한 기억은 늘 아름다운 것인가? 밤하늘의 무수한 별, 그리고 별똥별, 맑은 공기와 물, 높고 깊고 파란 하늘, 많은 사람들이 쉬고 낮잠을 자던 우산각(정자), 깊고 푸르던 저수지, 아스라이 멀리 보이던 신작로 길, 무수히 뛰어놀던 동네 광장 등 많은 것들이 주마등처럼 떠오른다. 기환, 필봉, 남순 등 함께 놀던 친구들 모두 어디서 무엇을 하며 사는지⋯ 명절을 맞아 찾아갈 때면 늘 포근히 맞아주던 그곳, 그리고 사람들 모두 그립고 따뜻한 추억으로 남아 있다.

부모

할아버지 할머니께서는 슬하에 1남 3녀를 두셨다. 그 1남이 나의 부친이셨다. 3·1독립운동이 일어난 해인 1919년 기미년생이셨다. 일제강점기를 거치고 한국전쟁(6·25동란)을 거치셨으니 한반도의 어려운 시기를 모두 감당하셨다고 보면 될 것 같다.

어색한 얘기이지만 나는 늘 아버지를 보면서 참 잘생기셨다고 느끼며 살았다. 이목구비가 잘 정돈되고 큼직하였기에 어린 나도 그렇게 생각했을 것이다.

아버지는 농사일을 하시면서 때로는 목수 일도 하셨다. 지게를 만들어 시장에 내다 파시거나 산판 즉, 산림청에서 허가받고 하는 벌채 사업에도 참여하셨다. 지금 생각하면 농사일 한 가지도 힘드셨을 터인데 식구들을 위해 최선의 노력을 하셨던 것 같다. 덕분에 우리 집은 농촌에서도 비교적 돈이 좀 도는 집처럼 보이기도 했다. 부수입이 있었으니 아무래도 먹거리가 좀 괜찮았던 부분이 있지 않았나 생각된다.

홍어를 좋아하시던 아버지는 시장에서 자주 홍어를 사 오셔서 헛간에 재를 잔뜩 쌓으시고 일주일 정도 삭혀 드셨는데, 코를 톡 쏘는 그 맛이 일품이었던 것으로 기억한다. 대부분의 농촌 장년 분들이 그러하듯 아버지도 음주를 즐기셨다. 힘든 일을 하시느라 때로 술의 힘을 빌리는 경우도 있었겠지만, 정말 술을 즐기시고 좋아하셨다. 내가 어른이 되어 술을 선물로 사서 가면 정말 즐거워하시곤 했는데 그 모습은 추억 속에서만 기억될 뿐이다. 온갖 어려움을 이기시고 오늘의 우리가 있게 해준 아버지께 늘 감사한 마음이다.

어머니와의 추억은 그리 많지 않다. 내가 열 살 때인 초등학교 3학년 시절 돌아가셨기 때문이다. 학교 수업을 마치고 돌아온 나를 꼭 껴안으시고 고생했다고 격려해 주시던 모습이 눈에 선하다.

당시 농촌의 여자들은 여성으로서 해야 할 주부나 육아의 역할은 물론 농사일까지 온몸으로 감당해야 했으니 그 고초는 상상하기 어렵지 않다. 그러나 어머니는 힘겨웠음에도 잘 이겨내셨던 것 같다. 어머니가 5일마다 열리는 영암 시장에 가시는 날이면 멀리 신작로 길을 바라보며 언제 오시려나, 혹시 오시다 넘어지지는 않으셨나 하고 걱정하며 기다리곤 했다.

어머니는 정말 급히 세상을 떠나셨다. 아침에 어머니가 지어 주신 밥을 먹고 등교한 나는 3교시쯤 되어서 어머니께서 별세하셨으니 집에 급히 가보라는 선생님의 말씀을 들었다. 아니 할머니를 어머니로 잘못 알려주신 것이 아닐까 하는 마음으로 집에 와보니 어머니셨다. 허망하고 황망하기가 이를 데 없는 충격적인 일이었다.

그렇게 어머니를 떠나보내고 아버지는 한동안 홀로 계시더니 새어머니를 모셨다. 마음씨 고운 새어머니와 친숙해지는 데는 다소 시간이 걸렸으나 이후 50년 이상을 함께하였고 늘 고마움을 안고 살았다.

정든 교정

우리 집에서 학교까지는 약 4킬로미터 정도 되었다. 대략 1시간 정도를 걸어서 다녔는데 지금은 책가방이 있지만 당시는 책 보자기에 싸서 등에 메거나 들고 다녔다. 플라타너스나무가 시원한 그늘을 조성해 주었던 당시 영보국민학교는 학생 수가 약 600명 정도의 중형 학교였는데 지금은 면사무소 소재지인 덕진국민학교와 통합되어 그 이름이 남아 있지 않고 폐교되었다. 선생님들은 가끔 야외 수업을 하기도 하셨고, 특히 어떤 때는 학교 뒤편 여우재라는 산에 가서 산토끼 몰이를 하는 재미도 느끼게 해주셨다.

지금 아이들이 이해하기 어렵겠지만 우리는 유엔(UN)에서 제공하는 분유 등의 보급품을 배급받아 먹기도 했고, 식량을 축내는 쥐를 박멸하는 운동이 있었는데 결과물인 일정 수의 쥐꼬리를 선생님께 제출하기도 했다.

내가 3학년 때 담임이셨던 박동순(남) 선생님이 특히 기억에 남는다. 당시 어머니와의 이별로 상심하고 있을 때 선생님은 내게 파카 만년필을 선물로 주시며 "공부를 열심히 하는 것이 어머니가 바라는 일"일 것이라고 격려해 주셨었다. 그 온화하고 자애로운 선생님이 지금도 눈에 선하다.

일

당시 대부분 시골의 아이들은 학교를 다니면서 학교 수업이 끝나자마자 집으로 와서는 쇠꼴(풀)을 한 망태기씩 베었고, 가을이나 겨울 초입에는 땔감 나무를 구하러 이 산에서 저 산으로 헤매고 다녔다. 마른나무 또는 마른 소나무 솔잎을 갈퀴로 긁어모아 지게에 지고 비틀거리며 집으로 가져오기도 하였다. 또 보리나 밀을 수확하는 계절인 5월에는 타작을 도와야 했고, 모내기에도 참여하여 줄을 잡거나 모심기에도 나서는 등 일손을 꽤 보태었다.

보리타작 때는 껄끄러운 보리 이삭의 끝인 수염이 옷 속으로 파고들어 온몸을 가렵게 하기도 했고, 형님이 하시는 똥장군 지게를 지는 일을 돕기도 하였다. 나도 일을 돕기 위해 간간이 일을 했던 기억이 있지만 한편으로는 노는 데 더 관심이 많았던 듯하다. 다만 이것은 아버지에게 혼나는 일이기도 했다. 아버지나 큰형님은 그 많던 일을 다 마칠 때까지 묵묵히 열심히 하셨던 기억이 새롭다.

나는 중학교에 다닐 때부터는 광주, 서울로 유학을 오는 특혜를 누려 다른 형제들에 비해 농사일 참여가 훨씬 덜한 편이었다. 형제들에게는 미안하고 고마운 마음이 늘 가슴속에 남아 있다.

중학교 3학년 때의 일이다. 당시 여름방학을 맞아 시골집에 온 나는 부모님을 도와 논 가 한쪽 부분에 깊이 파인 물웅덩이에서 물을 퍼 올리는 작업을 하러 나섰다. 천수답인 논은 당시 가뭄이 심해 벼가 심어진 바닥이 바둑판처럼 갈라질 정도였다.

두레박질로 물을 푸는 일은 쉬운 일이 아니다. 아버지 어머니와 교대하는 형식으로 1시간 남짓 두레박질을 하다 새참을 먹게 되었다. 그때까지만 해도 소주든, 막걸리든 술을 먹어보지 않았던 나는 아버지께서 맛있게 드시던 막걸리 한 잔을 이 기회에 맛보고 싶은 생각에 꾀를 내었다. 어머니께 "목이 몹시 마르네" 하며 물을 찾은 것이다.

어머니는 눈치를 채셨는지 물보다 이 막걸리 한 잔 먹으면 갈증도 가시고 힘도 날 것이라며 대접에 가득 채워 막걸리를 주셨다. 집에서 직접 담그신 텁텁한 막걸리 맛은 그야말로 일품이었다. 햇볕이 내리쬐는 한여름이니 더욱 그랬다. 진한 단맛을 잊을 수가 없다.

그런데 나는 그 한 잔을 먹고 깊은 잠에 빠져들었다. 술에 취해 나도 모르게 잠들어 버린 것이다. 나는 "얘야 가자" 하고 깨우시는 아버지의 말씀을 어렴풋이 들으며 일어났다. 2시간가량 지나, 일을 마치시고 나서야 부모님은 나를 부르신 것이다. 일 도우러 나섰다가 적당히 요령을 피워버렸으니 난감하였다.

그럼에도 부모님은 농기구를 챙기시며 "오늘 고생 많았다" 하시며 격려해 주셨던 것 같다.

명절

새해 복 많이 받아라 하고 주신 세뱃돈이 거금 100원짜리 동전이었다. 100원이면 맛있는 과자 두어 봉지와 알사탕 여러 개를 살 수 있었으니 우리에겐 거금이었다. 1960년대엔 그랬다.

설 명절에 우리 형제들은 짝을 이뤄 친척 집들을 돌아다니며 세배를 하러 다녔다. 어르신들은 부족한 살림이지만 명절에는 후하게 우리들을 맞았다. 덕담을 해주실 뿐 아니라 집집마다 맛이나 모양이 다른 특색 있는 떡국도 내놓으셨다. 닭을 간장에 끓여 만든 떡국이나 소고기 들어간 떡국 등 내어놓는 음식마다 맛있게 먹었던 기억이 새롭다. 쑥떡이나 인절미, 절편, 시루떡 같은 다양한 종류의 떡들도 세배하러 다니면서 맛볼 수 있는 특권이 주어졌다.

우리는 어른들에 대한 세배와 함께 돌아가신 어른들의 차례상 앞에서 경건한 자세로 절을 하는 유교 규범을 지키며 생활

했는데, 그러한 전통은 1970년대 이후 도시로 진출하는 사람이 늘면서 자연스럽게 사라져 갔다.

 설 이후 대보름을 거쳐 정월 1달은 농한기여서 휴가철을 맞은 듯 비교적 한산한 분위기였다. 연날리기, 제기차기 같은 놀이로 우리 아이들은 시간 가는 줄 모르고 매일매일을 보냈다. 특히 대보름에는 아이들끼리 쥐불놀이를 심하다 할 정도로 열심히 하였는데, 빈 깡통에 불쏘시개나 나무 등을 넣고 불을 붙인 다음 줄에 매달아 빙빙 돌리는 놀이를 하였다.

 어느 해인가 쥐불놀이를 하다가 깡통 속에 있던 숯덩이 하나가 솜으로 된 겉옷에 떨어져 옷 일부가 불탄 적이 있을 정도로 다소 심하게 놀았다. 그때가 아마 내가 일곱 살 정도 되었을 때인 것 같은데 어머니는 내 모습을 보고 다치지 않은 것이 다행이다. 하면서 주의를 주셨었다.

 추석 명절 역시 시골에서는 매우 뜻깊게 보냈다. 차례 음식 준비를 위해 어머니는 시장에 두어 번 다녀오셨고, 우리를 위한 새 옷도 마련해 주셨다. 우리는 여름에 냇가나 저수지에서 수영하는 거나 명절 앞두고 목욕하는 것 빼고는 거의 목욕을 모르고 살 정도였으니 지금과는 비교할 수 없는 시절이었다.

추석은 늦가을에 있어 많은 것이 풍성한 명절이었다. 고구마, 과일 같은 먹을 것과 함께 동네 사람들이 함께 모여 농악을 즐기는 일도 자주 있었다. 지금이야 영화, TV 등 수많은 놀거리, 볼거리가 많이 있지만 그때는 그것들이 보통 사람들의 여흥이었다.

예식

1960년대는 동네에서 결혼식이 있으면 그야말로 주민 모두의 잔치였다. 마을의 상당히 많은 수의 부녀자들이 함께 음식을 만들고 나누는 데 일손을 거들었다. 특히 예식 이틀 전에는 마을 사람들이 돼지를 직접 잡아서 대부분은 혼주에게 주고 일부 고기는 나누기도 했다. 돼지를 잡아 그 자리에서 돼지의 생간을 안주로 소주를 나누시던 아저씨들이 눈에 선하다.

당시 돼지는 거의 모든 집에서 키웠는데 무게가 비교적 작은 토종 흑돼지였고, 수육 또는 김치찌개로 먹을 때 그 맛이 매우 좋았던 것으로 기억한다. 우리 아이들은 돼지의 오줌보를 공처럼 이용하여 축구도 하고 그랬으니 참 철없는 친구들이었다.

하여간 "신랑 신부 재배" 하고 외치시던 어르신의 구호에 따라 결혼식이 잘 마무리된 다음 음식을 나누고 어른들은 저녁 늦게까지 잔칫집을 지키고 왁자지껄하였다. 당시에는 내가 어려서 그 의미를 잘 몰랐지만, 일부 짓궂은 어른들은 신랑의 발바닥을 때리거나 하는 방식으로 애를 먹이거나 신방을 훔쳐보려는 시도들도 있었던 듯하다. 이런 혼인 모습은 내가 국민학교를 졸업하던 때까지는 유지되다가 그 후 1970년대부터는 새마을운동의 시작과 함께 지금 같은 예식장 결혼으로 변화된 것 같다.

마을에 어떤 분이 상을 당하면 그때도 역시 온 마을 사람들이 슬픔을 함께하였다. 꽃상여를 들어 메는 데 젊은이들이 함께하였고, 마을 어르신이 구성진 목소리로 상여를 이끌었다. "이제 가면 언제 오나 원통해서 못 살겠네" 하고 구슬프게 상엿소리를 하면 "어여 넘자" 같은 후렴으로 상여꾼들이 외쳤다. 특히 내 7촌 아저씨께서 하시는 "북망산천…"으로 시작하는 상엿소리는 듣는 사람의 가슴을 절로 미어지게 했다. 지금도 기억에 생생하다. 장례식 날은 유족들과 슬픔을 함께하면서도 같이 음식과 술을 나누며 일종의 잔치처럼 지나가는 행사였었다.

추억의 잔상

그 하나는 할머니의 가르침이다. 어머니를 여윌 때 나는 열 살, 할머니는 70세 정도였는데 일제강점기 시절 소학교를 졸업 하신, 나름 신교육을 받은 깨우친 여성이었다. 당시 시골 마을 에서는 꽤 드물게 교육을 받은 분으로서 말씀도 그리 많지 않 고 그저 묵묵히 일만 하셨던 기억이 있다. 다만, 아버지가 술을 드시고 어머니와 다투시고 나면 늘 어머니를 달래시고 같이 아 파하시던 모습이 눈에 선하다.

나는 할머니로부터 많은 깨우침을 받았다. 예를 들면 밥상 이 들어와 온 식구들이 앉아 밥을 먹고자 할 때 아버지가 수저 를 들기 전에 먼저 수저를 들게 되면 어김없이 할머니에게 혼 이 났다. 또 맛있는 고구마나 감자를 삶아 내오실 때 다른 형제 들이 오기 전 먼저 먹으려 하면 역시 용납하지 않으셨다. 식구 들이 소외되지 않고, 늘 함께해야 한다는 것을 작은 일부터 가 르쳐 준 것이다. 형제자매가 많은 가운데 혼자 욕심을 내고 정 직하지 않게 행동하려는 모습을 보이는 순간 할머니께서는 엄 한 꾸중을 하시고 사람이 마땅히 지켜야 할 도리에 대해 말씀 해 주셨다. 다른 사람을 배려해 주고 아껴주어야 자신도 아낌 을 받을 수 있고, 큰일을 할 수 있다는 것이었다. 당시로서는 다소 서운함도 있었으나 어른이 되고 나서야 할머니의 가르침이 소중할 뿐만 아니라 내 인생에 큰 지침이 되었다는 것을 깨닫게 된 것이다. 늘 할머니를 기억하게 되는 이유이다.

다른 하나는 국민(초등)학교 4학년 때의 '염소다리 사건'이다. 어느 날인가 학교를 파하고 집으로 돌아오는 길이었다. 학교와 우리 집의 중간 정도 되는 대천동이라는 마을 인근에서 어떤 아저씨가 작대기를 하나 든 채 우리 남학생 일행 세 명을 붙잡았다. 아저씨 집 염소 뒷다리를 너희들이 부러뜨리지 않았냐며 다짜고짜 자백하라는 것이다. 우리는 절대 그런 사실이 없다며 항의하고 외쳐보았지만, 이분은 막무가내로 우리를 의심하고는 솔직하게 고백하면 용서할 것이지만 그렇지 않으면 다리를 원래 그대로 해주거나 보상해야 한다고 큰소리를 치셨다.

난감한 일이었다. 집에 빨리 가서 쇠꼴도 베어야 하고 숙제도 해야 하는데, 1시간 이상을 이렇게 허비하고 있으니 어떻게 해야 하나 고심하였다. 그런데 이분은 우리하고 한 반인 여학생의 아버지였다. 우리들 간에는 아이들한테 좀 무섭게 대한다고 소문이 나신 분이었는데 이렇게 고집을 피우니… 내가 그 여학생 이름을 대면서 그 반 반장이라며 이해를 구할까도 생각했는데 오히려 그 여학생에게 화가 미칠 것을 걱정하여 그렇게 하지 않았다. 거의 2시간이 다 되어갈 즈음 나는 이분이 솔직히 고백하면 용서한다는 말에 주목하고 아이들을 대표하여 우리가 염소 다리를 부러뜨리려 의도한 것은 아니지만 돌 던지기 장난에 맞았을 수도 있겠다며 앞으로는 그런 장난을 절대 하지 않겠으니 용서해 주시라고 말했더니 약속대로 가라고 해서 풀려났다.

그러나 이 일은 수년간 나에게 상당한 번민을 가져다주었다. 나의 이 선택으로 한편으로는 어찌 되었든 사태를 가급적 일찍 (실제로는 2시간 가까이 소비했지만) 마무리하고 다른 두 친구도 풀려나는 성과를 보았지만, 다른 한편으로는 사실이 아닌 거짓을 말했다는 사실, 다소 겁을 먹고 내가 그 선택을 한 것이 아닌가 하는 분노가 속으로 치밀어 올라 약이 올랐던 것이다.

명백히 하지 않은 일을 했다고 고백하는 잘못을 범했다고 자책하면서 동시에 적당한 선에서 수습한 것이 다행이지 않았나 하는 나 스스로에 대한 이해 속에서 그 일에 대한 평가는 늘 내 머릿속에 잔상으로 남아왔다. 이러한 잔상을 떨치기 위해 나는 대천동 마을 길로 학교 가는 것이 끝나가는 졸업쯤에야 그때 일을 생각하며 결심하였다. 이 같은 일이 발생할 경우에는 다시는 거짓에 굴복하지 않고 명예를 지킬 것이라고.

학창 시절

유학(이모네 집)

    국민학교를 마친 나에게 유학이라는 기회가 왔다. 요즈음은 유학하면 해외 유학이 떠오르겠지만 나에게 유학은 광주로의 유학을 뜻했다. 시골의 학교가 아닌 대도시 광주에 진출한 것만 해도 엄청난 변화였다. 특히 광주는 광주서중, 광주일고, 광주고와 같은 이름 있는 학교들이 많았는데 나는 당시 좋은 학교의 의미를 잘 알지도 못하던 시절이었다. 아버지는 어려운 살림살이에도 크게 마음을 잡수셨다. 특히 다른 형제도 많았는데 이런 결정은 상당히 고심하시고 내린 생각이었을 것이다. 이에 따라 나도 나름 이에 대한 생각과 나의 책무를 다짐해 왔다. 다만 여러모로 현실적으로 부족한 상황을 느꼈고 지금도 풀어야 할 숙제로 생각하고 있으니, 능력이 부족했다고 밖에 볼 수 없을 것 같다.

나는 부모님과 선생님의 조언을 받아 호남에서 제일 좋은 중학교인 광주서중에 응시하였지만 낙방하였다. 시골 깡촌에서 배운 지식으로는 역부족이었던 것이다. 그래서 후기인 광주상고 계열 광주 동성중에 입학하고 광주에서 생활을 시작하였다.

광주 이모 댁에서 하숙하는 생활은 집 떠나 부모님 곁에서 벗어난 첫 번째 외지 생활이었다. 이모는 결혼하신 지 얼마 되지 않아 이모부와 뜻이 맞지 않으셨는지 아이도 없이 일찍 이혼하시고 홀로 사셨었다. 여기서 외사촌 형제와 이종사촌 형제 등 총 다섯 명이 하숙 생활을 했는데 중학교 재학 3년간 이모님으로부터 큰 도움과 사랑을 받았다. 헌신적으로 돌봐주신 이모께 평생 감사하는 마음으로 살고자 하였으나 뜻대로 되지 않았다. 사회생활을 열심히 하다 좀 여유도 생겨 은혜를 갚아 나가려 할 시기가 되었을 무렵 이모는 치매에 걸리시고 또 노환으로 돌아가셨으니 말이다. 은혜를 갚는 것도 다 때가 있는 것 같다.

아버지는 내 생활비와 하숙비, 학비와 같은 쉽지 않은 경제적 부담을 안으셨으면서도 나에게는 절대 내색하지 않으시고 열심히 공부하라는 말씀만 주셨다. 지금 생각해 보니 그때 인생에 있어서 나만의 분명한 꿈이나 목표를 가졌어야 하였는데 그렇지 못했다. 국가나 사회 전반에 대한 이해 부족 탓이었다고 생각된다.

아버지에게 죄송하다는 생각이 든 것은 사회생활 시작 후 한참이 지난 뒤였다. 시골집에 있었으면 늘 일하면서 공부를 하는 일이 다반사였을 터인데 명색이 광주 유학이었기에 그 부분은 자연스레 면제되었고 나에게 공부만 하는 기회가 주어진 것이니, 공부를 통해 성공하는 것을 목표로 가졌어야 했다. 그러나 공부를 잘해 의사나 변호사 등으로 출세를 바라셨을 부모님 기대에는 크게 미치지 못하였던 듯하다.

중학교 재학 3년 동안 나는 학교 도서관을 자주 이용하였다. 이때 자연스레 상당한 분량의 독서를 하였던 것 같다. 이광수, 염상섭, 박종화, 헤밍웨이, 톨스토이 등 여러 소설가들의 문학 소설과 『삼국지』, 『서유기』 같은 역사 소설과 기타 무협지 등등 다양한 책을 읽는 재미에 푹 빠졌었다. 나는 『삼국지』를 읽을 당시 제갈량을 흠모하여 그를 현실 세계에서 닮으려 하기도 했는데 책을 통해 늘 지혜롭게 살고자 하는 가르침을 받았다.

한편으로 왕우가 주연으로 나오는 「의리의 사나이 외팔이」 무협 영화를 정말 재미있게 보았고 한때는 열심히 수련하면 장풍이 손에서 발산될 수도 있다는 엉뚱한 발상을 하는 시절을 보냈다.

자취 생활

광주 생활을 마치고 나는 1970년 서울로 올라오게 되었다. 고등학교 진학을 앞두고 서울에 계시던 둘째 형님이 부르신 것이다. 시골의 부모님이 어렵게 마련해 주시는 학비 지원을 형님께서 대신하겠다 하셨기에 그렇게 되었다.

다만 그때 2월 말 즈음이어서 서울 시내 고등학교들의 입학 전형이 거의 마감된 상황이었다. 나는 당시 광주에서 상고로 진학 예정에 있다가 서울로 갑자기 오게 되는 바람에 변화가 생긴 것이다. 몇 군데 학교를 알아보다 겨우 대경상고 야간반으로 입학하였다. 검정고시 또는 재수와 같은 다른 방안에 대해서는 생각을 해보지 않았고 그저 학교에 가는 평범한 길이 일탈하지 않는 최선의 길이라고 보았기 때문이다.

당시 숙식은 종로6가 이화여대 동대문병원 인근에 있는 한 단독 주택 문간방 하나를 형님이 전세로 얻어주어 그곳에서 자취 생활을 하기로 했다.

밥 짓는 일 등 모든 것이 생소했다. 그러나 먹고는 살아야 한다는 인간의 본성이 작용하기 때문이었는지 그런대로 잘 적응하게 되었다. 당시 옆방에 세 들어 사시던 아주머니와 집주인 댁 아주머니의 도움을 많이 받았다. 모든 경제적 지원을 형님으로부터 받았기에 나는 무언가 아르바이트라도 해야 한다고 생각했다.

그러나 생각만 하고 직접 무언가를 도전하는 것은 쉽지 않았다. 저녁 시간 음주를 즐기는 도시인들에게 박카스나 구론산 등 자양강장제를 파는 아르바이트를 해보았는데 몇 번인가 해보고 신통치 않아 보여 그만두었다.

지금 생각하니 내가 생활력도 부족했을 뿐만 아니라 장사 요령도 없이 세상에 나간 것이었다. 하지만 어렵더라도 세상과 부딪쳐야 하고 거기서 이겨내야 한다는 것을 깨달은 건 소득이었다. 형님의 수고를 생각해서 학교 등록금이라도 장학금으로 해결할 수 있도록 공부를 열심히 하는 것이 최선의 아르바이트가 될 수 있다는 생각에 이른 것도 이때였다.

독서실에서 일하기

자취 생활을 2년 정도 하고 정리한 이후 동대문의 한 사립 독서실에 아르바이트 자리를 얻었다. 독서실의 관리와 청소를 하는 일자리였다. 그곳에서 숙식을 하면서 1년간을 보냈다. 무수히 많은 라면으로 식사를 대체했고 짜장면, 볶음밥을 참 많이 먹었던 시절이다. 그러나 주변 상인들의 도움이 큰 힘이 되었다. 지금도 잊지 못하는 것은 중국집 주인아주머니가 몸을 건강하게 해야 한다면서 소고기로 2번 이상 특별 요리를 해주신 일이다. 감사한 마음이 이를 데 없었고 큰 정을 느꼈었다.

독서실에서 일할 때가 고등학교 3학년 때였는데 이 시기는 나의 가치관 정립을 위해 많은 생각을 했던 시기이기도 하다. 예를 들면 벤저민 프랭클린의 자서전을 읽고 그가 제시한 13가지 덕목을 매일 일기로 쓰고 한 가지, 한 가지씩 성찰하며 하루를 보내고는 했다. 덕목 중 무엇을 지키지 않았는지 또 더욱 분명하게 지키지 못한 항목이 무엇이었는지 등을 반성하고, 주간 단위로도 점검하면서 생활하였다. 절제, 침묵, 규율, 결단, 검소, 근면, 진실, 정의, 중용, 청결, 평정, 순결, 겸손 등을 추구하는 행동 방식은 과다한 절제나 침묵 등이 몸에 배게 해서 때로 나를 외롭게 했으나 인생 전체적으로는 큰 도움을 주었다. 그러한 면에서 벤저민은 나의 큰 스승이었다.

벤저민 프랭클린은 미화 100달러 지폐에 초상화가 있는데 여전히 미국인들의 존경을 받고 있다. 정치인, 언론인, 발명가, 사업가, 외교관 등 1인 다역을 성공적으로 수행한 분은 미국 역사에 그가 거의 유일하기 때문이다.

이 당시 한 가지 특기할 만한 일은 월간 『샘터』라는 잡지를 독서실에서 구독하고 있었는데 매월 이 잡지를 정독하였던 생각이 난다. 잡지 속에 투고된 독자들의 삶에서 위로도 받고 강인함도 추구하였다. 그리고, 『샘터』에 늘 게재된 법정스님의 글을 읽고 생각을 정리하기도 했다. 그분의 무소유 철학에 대해서도 관심을 갖고 깨달음을 얻고자 했으나 곧바로 그만두기로 했다. 앞길이 창창한 내 앞길에 염세주의적 자세는 바람직하지 않다고 보았기 때문이다. 또한 만해 한용운 선사의 「님의 침묵」을 낭송하며 나의 님은 무엇이며 어떻게 이루고 맞을 것인가를 늘 생각하던 시절이기도 했다.

"님은 갔습니다. 아아 사랑하는 나의 님은 갔습니다.
푸른 새벽을 깨치고 단풍나무숲을 향하여 난 작은 길을 걸어서,
차마 떨치고 갔습니다.

(중략)

아아 님은 갔지마는 나는 님을 보내지 아니하였습니다"

이러는 한편 나는 이즈음에 나 자신의 존재와 '어떻게 인생을 살 것인가?' '어떻게 주체적으로 살 것인가?'를 정말 많이 고민했었다. '다른 사람과 적당히 타협하며 둥글둥글 사는 것이 나은가?' 아니면 '나만의 독특한 이미지로 나답게 살 것인가?'를 놓고 많이 생각하였다. 이때 문동환 목사님의 책에서 큰 가르침을 얻었다. 나라는 존재는 세상에 유일하게 있는 존재이므로 나답게, 나 스스로의 존재가치를 높게 부여하며 살자는 것이었다. 타인과 달라도 되고 나만의 의견과 철학을 가지라는 것이고, 이것은 곧 나의 책임성을 뜻하는 것이기도 하였다. 각자의 삶은 그 자신을 향한 길을 의미한다고 소설『데미안』에서 헤르만 헤세가 강조했던 그것을 나는 그때 생각하였던 것이다.

사회생활

시장

군입대 전에 다양한 사회 경험을 하기로 했다. 항상 내 장래를 염려해 주셨던 외삼촌의 소개로 서울 중부시장에서 건어물 가게를 하시는 외육촌 형님의 일을 돕게 되었다. 멀리 완도나 해남 등에서 밤새 올라온 김을 전국 각지의 도매, 소매상들에게 위탁 판매 하는 장사였다. 새벽 4시에 기상해서 저녁 9시에 일을 마쳤는데 참으로 고된 일이었지만 사람들이 경제생활을 위해 어떻게, 얼마나 일하는지를 알 수 있는 소중한 경험이었다. 그때 시장의 가게 2층 다락방에서 숙식을 해가며 10개월여를 일했는데 역동적인 시장의 흐름과 함께 사람들이 어떻게 돈을 버는지 그리고 사람과의 관계 등에 대한 여러 모습을 볼 수 있었고 성실하고 장삿속 밝은 사람에 대한 이해도 좀 하게 되었다.

이런 과정에 있을 때 친형님께서 동대문종합시장에 가게를 내서 친칠라 등 원단 장사를 한번 해보라고 권유하셔서 바로 받아들이고 가게를 물색하여 장사를 시작하였다. 나는 섬유 원단에 대해서는 문외한이었으나, 형님의 도움을 일부 받아가면서 대구 쪽 공장에서 원단을 사입하고 바지나 치마를 만드는 제품 거래처를 발굴하고 확보하여 원단을 판매하기 시작했는데, 마진도 좋았고 비교적 장사가 잘되었다. 좀 재미를 붙일 만했었고, 장사에 대한 매력도 느낄 만했었다. 단골 고객이 좀 생기기도 하고 지방 고객들에게 무엇이 필요한지를 사전에 파악하고 그분들의 요구를 잘 해결해 드리기도 하였다. 물론 장사의 생리를 전반적으로 파악하고 원단 시장의 흐름을 잘 파악하여 큰 장사꾼으로는 발전하지 못했으니 그 점은 내가 사업에 대한 자질이 부족했기 때문일 것이다.

군대 시절

이런 상황에서 형님께 모든 것을 인계하고 새롭고 다소 힘한 길을 가야 했다. 이때가 1974년도 가을 무렵이었는데 드디어 입영 영장이 나와 1975년 1월 군에 입대하였다. 내 나이 스무 살 때였다. 군입대 전까지 보문동에 전셋집을 구해 살고 있었는데 비구니 승려들의 절인 보문사를 자주 산책했었고, 4월 초 파일에 승무를 추던 여스님들의 모습에서 애처로움과 아름다움을 함께 느끼며 인생에 대해 생각했던 기억이 있다. "얇은 사 하얀 고깔은 고이 접어서 나빌레라" 외치던 시인의 정취에 동의하면서 말이다.

내가 입대한 곳은 보병사단 중 예비사단에 속하였고 늘 교육과 작업을 반복하면서 3년간의 군 생활을 마쳤다. 당시 내무생활은 기합이나 얼차려 등이 많았고, 곡괭이 자루가 난무하였으며 특히 일부 상관의 감정적 태도 때문에 하위 병사는 힘든 군 생활을 하는 경우가 많았다. 나로서는 이런 생활의 개선이 필요하다고 생각했다. 우선 상사나 동료들 설득에 나섰고 항상 부모님이 우리를 보고 있다는 자세로 병영생활을 하자는 취지로 토론 시간에 용기 있게 의견을 설파했는데, 다행히 많은 지지가 있었고 실제 병영생활 속에서도 이러한 문화가 형성되었다. 어떤 이유에서인지는 모르지만 내가 뒷배경이 든든한, 다시 말하면 나의 친인척이 상당한 권력기관에 있는 것으로 부대 내에 알려지고, 나를 건드리면 안 된다는 분위기가 생겼다. 신병인 육군 이등병이 약간은 센 이야기를 하니까 아마도 누군가가 지레짐작을 얘기한 거로 생각된다.

결과적으로 당시 보병 말단 부대에서 한 번도 구타당하지 않고 제대했다는 것은 후일 생각해 보니 참 대단한 일이었다. 3년간의 군 생활을 성실히 마치고 제대를 하니 나에게 정신적 가르침을 주셨던 할머니께서 파란 많은 생을 마치시고 운명하셨다는 것을 그때야 알았다. 사망 사실을 군에 있는 내게 알리지 않은 것이었다. 일제강점기, 한국전쟁 등 수많은 어려움을 겪으신 할머니를 그저 마음속으로만 추모하며 보내드렸다. 일찍 가신 어머니를 대신해 우리를 마음 깊이 사랑해 주신 할머니께 정말 감사하고 미안한 마음이다.

새로운 가정

1983년 봄, 나는 지금의 아내와 함께 새로운 가정을 꾸렸다. 아내의 숙모이신 같은 교회 여자 집사님께서 소개해 주어 만남을 가졌는데 아내는 처음 보았을 때 소신과 가치관이 비교적 강하다는 인상을 남겼다. 그간 내가 사람을 대할 때 감성적 측면을 앞세우다 보니 판단을 그르칠 때가 많았는데 아내의 그런 점이 나에게 보완재가 될 것 같았고 존중하는 마음이 들었다. 내 판단은 틀리지 않았다.

아내는 시류에 흔들리지 않는 특징이 있었고 유머와 여유가 있어 대화가 잘되었다. 비록 살던 문화가 달라 결혼 초기에는 일부 이질적인 부분이 없지는 않았지만, 지금까지 42년간 잘 살아왔고 영원한 동반자로서 함께 가고 있다.

신혼집은 부천의 중동에 새로 지은 전용 15평 주공 아파트였다. 주택 청약 저축을 활용하여 분양을 받은 것인데 작지만 내 집을 마련해서 살림을 꾸렸다는 점에서 의미가 있었다. 그때 내가 경기은행 인사부 근무 시절인데 부서 직원 열다섯 명 정도를 비좁은 집에 초대해서 집들이를 했었다.

우리는 여기서 아들과 딸 두 명의 새로운 식구를 추가했다. 아이들은 감사하게도 잘 성장해 주었고 나름의 방식으로 사회생활을 잘하고 있다.

아내는 글쓰기 소질이 좀 있는 편이었다. 경기은행 종합기획부 시절 사보 편집을 맡고 있을 때 아내에게 사보에 게재할 요량으로 콩트를 써줄 것을 제안했는데 수차례 거절하였었다. 그러나 나의 집요한 설득과 다른 사람보다 더 두둑한 원고료를 지급하겠다는(물론 내 개인적 부담이 추가되었지만) 제안 끝에 2번인가 원고를 받아 사보에 게재한 적이 있다.

그중에 '귀가'라는 제목의 콩트는 밤늦게까지 고스톱 놀이를 하고 새벽녘 귀가하는 남편의 모습을 리얼하게 그린 글이었는데 임직원들에게 크게 회자된 재미있는 내용이었다. 그 글의 게재로 내가 고스톱을 즐겨 치는 사람으로 알려지게 된 다소 불편한 소득이 생겼지만, 경기은행 사보의 주가가 상당히 올라가는 효과가 있었고 다음 달 사보를 기다리는 직원들도 상당수 생겨났었다.

우리는 시골에 계신 부모님께 명절 때마다 아이들과 함께 찾아뵈었다. 어떤 때는 시골집에 도착할 때까지 무려 21시간이 걸린 적도 있었다. 합리성이나 효율성 측면으로는 잘 이해되지 않을 사항이지만 부모님의 기대에 부응하며 사는 것이 그만큼 보람이 있는 일이었기 때문이다. 늘 힘들고 어려운 귀향이었을지라도 반가이 맞아주신 부모님의 모습은 오히려 우리에게 위로가 되고 힘이 되었다.

우리 가정의 모습을 보며 부모님께서는 힘을 얻으셨을까?

BAKER
45

Ⅳ. 성공적인 삶을 위하여

BAKER
45

　넓디넓은 사회생활 영역에서 어떻게 사는 것이 현명한 것이고 좋은 삶을 살았다고 말할 수 있을 것인지에 대해 미리 생각해 둔 적은 없다. 다만, 다른 사람을 나보다 낫게 여기고 대접을 받으려거든 먼저 남을 대접하라, 또 심은 대로 거둔다는 성경 말씀을 마음 깊이 기억하였고, 프랭클린의 가르침을 잊지 않았다.

　길고 긴 삶의 여정에서 성공적이고 질 좋은 삶을 가지기 위해서는 경제, 사회, 문화 등 다양한 분야의 토대가 튼튼하게 갖춰질 필요가 있다. 이 가운데는 어느 정도의 재산, 폭 넓은 인간관계, 다양한 취미, 종교활동, 교육, 건강 등 여러 요소가 있을 것이다.

　사회생활 영역에서 내가 중시하고 기억하는 몇 가지 사항을 기록해 본다.

취미

나에게 미술이나 음악에 대한 취미생활은 아예 없었다. 최근 들어 오페라 공연이나 교향악단 연주회에 가끔 가보기는 하지만 내 취향 때문만은 아니다. 아내를 위해서라든지 등 무언가 다른 이유가 있다. 그래도 나의 두드러진 취미라면 골프와 등산, 고스톱 정도가 될 것 같다.

골프는 1994년도에 입문했는데 처음에는 아무리 연습을 해도 잘 맞지 않아서 나하고는 인연이 없는 운동인가 보다 했다. 그러다가 한 6개월 정도 하고 필드에도 나가고 타수가 100타 이하로 떨어지면서, 그리고 70대 싱글 골프를 맛보게 되면서 골프에 심취하게 되었다.

돌이켜 보면 골프는 자신과의 싸움이고 인생 전체가 18홀을 돌며 느껴지게 되는 그런 운동이라고 생각된다. 저축은행 임원 재임 당시 우리 회사 회장님께서는 골프를 통해 우리를 지도하셨다. 골프 규칙에 따르면 골프는 기본적으로 정직해야만 하고 나름대로의 치밀한 설계를 해야만 목표했던 성과가 뒤따르게 된다. 특히 오구, 오소플레이, 골프 에티켓, 파트너를 위한 배려 등 인간관계적 측면까지 총체적으로 고려되어야 하는 운동이 골프이니 골프장은 매우 좋은 교육 훈련장이었던 것이다. 또한 골프를 하다가 스코어를 중시한 나머지 멀리건을 자주 원한다든지, 러프나 디볼트에 들어간 공을 적당히 꺼내놓고 하려고 한다면 그것은 골프의 진정한 묘미를 삭감시키는 행위이니 늘 조심하는 것이 좋다. 타수를 좀 더하더라도 난관을 이겨내는 재미가 더 크기 때문이다. 골프를 통해 다양한 분들과 교류를 나누었고, 골프를 통해 자연을 더 가까이하였으니 늘 감사한 마음이다.

다만 골프는 단점도 있다. 그것은 상당히 큰 비용과 시간이 소요된다는 점이다. 자기가 사용할 수 있는 적정한 정도의 합리적 범위 내에서 골프를 즐겨야 할 이유이다.

다음으로 즐기는 취미는 몇몇 친구들과 어울려 산을 오르는 것이다. 지금은 힘이 너무 들어 오르지 못하지만 60대까지만 해도 설악산, 지리산 등 백두대간의 웬만한 산들은 거의 올라 본 적이 있다.

경기은행 재직 때 산악회 부회장으로 활동하면서 매월 높은 산에 오르곤 했다. 등산의 묘미는 무엇보다 건강을 지켜준다는 데에 있다. 힘든 산행으로 땀을 흘리고 나면 온몸의 불순물이 모두 빠지고 새로운 활력으로 채워진다는 점이 좋다. 그리고 비용도 저렴하고 산행을 함께한 친구들과의 우정도 깊어지고, 무엇보다 배려심이 많이 길러진다는 장점이 있다. 동네 뒷산을 오르며 인생도 생각하고 어릴 적 친구들을 생각하는 낭만적 일은 그렇게 많지 않을 듯하다.

또 한 가지 재미를 붙인 것이 고스톱 놀이이다. 어떤 사람들은 도박으로 몰고 가기도 하는데 내기를 통해 적립한 돈으로 참여자들과 맛있는 음식도 먹고 적절한 규칙을 만들어 적당히 즐기는 시스템으로 놀이를 즐기면 크게 문제 될 일은 아닌 놀이문화라고 생각했다.

70, 80년대에는 고스톱 놀이가 사회적으로 정말 유행하였었다. 그때는 정말 도박성이 강했고 때로 밤을 지새우는 경우도

있었다. 특히 상사가 고스톱을 좋아할 경우, 자주 붙들려 고스톱을 쳤던 기억이 있다. 그러나 고스톱 때문에 싸우거나 언쟁이 일어나기도 한다는 점을 보면서 지금은 자제되어야 하는 놀이로 나도 나름의 인식 전환을 하였다. 그저 고스톱에 얽힌 과거만 회상할 따름이다.

한편, 낚시나 바둑, 당구, 탁구 등 건전한 놀이문화에 취미를 갖고 이웃들과 동행한다면 나이 들어서 외롭지 않고 함께 사회를 일구어 나간다는 점을 기억하도록 하자.

종교

우리 세대는 조선시대 이래 엄격한 유교문화의 지배하에서 생활해 온 것이 대부분이다. 유교는 종교는 아니지만 조상신을 모셨고 전통적으로 설과 추석 그리고 매 기일마다 제사를 드렸다.

우리 집안도 마찬가지였다. 그런데 군대에 가서 때론 사역을 피해, 때론 강권에 못 이겨 영내교회에 다니기 시작했다. 나름의 격식과 예절, 의례 등이 생소했지만 신자 대부분이 서로 사랑하고 염려하며 인격적인 대우를 하며 신앙생활을 하는 것이 그런대로 괜찮았다. 그 후로 나는 교회를 적당히 왔다 갔다 하다가 서울 형님 댁에 머무를 때 형님 주변 분들이 다니는 교회에 꾸준하게 출석을 시작했고 결혼 후 인천에 있는 한 작은 교회에서 안수집사를 맡는 등 아내와 함께 신앙생활을 계속하였다. 교회에 가면 교인들의 따뜻한 사랑을 느낄 수 있어서 좋았다. 잘 모르는 사이여도 서로의 안부를 염려하고 위로해 주는 데에서 감사한 마음이 생겼던 것이다.

60대 후반부터는 교회에 나가지 않지만, 신앙 자체는 유지하면서 생활하고 있다. 교회에 나가면서 형제들과 논의 끝에 제사 대신 추도예배로 전환하였고 나중에는 시제 등의 방식도 유교식에서 현대식으로 바꾸게 되었다. 무교회주의라고 목사님들이나 다른 신자들의 비판을 받을 수 있겠으나, 자유주의와 인간으로서의 권리를 존중하는 나의 선택에 대해서 나 스스로 책임질 일이다. 그것은 제사 방식 변경의 경우에도 마찬가지 논리일 것이다. 나의 최근 생활은 하나님에 대한 경외심을 갖고 매일 기도하는 것으로 시작한다. 어려울 때 의지하고 지혜를 구하며 공의가 실현되기를 바라는 마음을 생활화하는 데서 종교는 정말 의미 있는 것으로 생각한다.

누구나 자유로이 종교를 택할 수 있다. 우리나라의 경우 옛날에는 마을마다 무당이 있었고 토속신앙이 매우 강세였었다. 그러던 것이 도시화의 물결로 인해 토속신앙은 줄어들고 불교, 가톨릭, 개신교 등으로 거의 대체되었다. 각 종교마다 중앙 교단이 형성되고 신학교 등을 통해 종교인을 체계적으로 양육하고 전도에 심혈을 기울인 결과로 보여진다. 어느 종교를 선택할 것인지 또는 신앙 없는 생활을 할 것인지는 각자의 판단에 따를 일이지만, 무언가에 의지하고 대화하면서 인간으로서의 삶을 아름답게 사랑하면서 살아가는 것은 괜찮은 일이 아닐까.

우리나라의 주요 종교의 하나인 불교에 대해 불교 종립대학인 동국대학교에서 수학한 관계로 공부할 기회가 있었다. 불교학 개론, 불교문화사 등의 과목을 필수학점으로 취득해야 했기 때문이다.

이때 느낀 것은 기독교는 절대자에 대한 숭배와 의지에 주안점을 둔 반면, 불교는 스스로의 해탈과 열반이라는 명제를 중요시한다는 점에서 차이가 있기는 하나, 인간으로서 행복을 추구하거나 평안함을 기원하는 것은 크게 다를 바가 없다고 생각했다. 최근 종교 간 대립이 문제 되어 일치와 친화를 외치는 사회현상도 여기에 기반한 것이니만큼 상호 배타적이 안 되었으면 하는 바람이다. 신을 중심으로 보면 유일신적 관점으로 배타적이 될 수밖에 없는 요인이 있으나 인간 중심으로 보면 그렇지 않은 것이다. 유대교도, 기독교도, 불교도, 이슬람교도 모두 하나님이 창조하신 인간이 갖는 종교이니 여기에 대한 우리의 이해와 통찰이 필요한 것 같다.

　1981년 조계종 종정으로 취임하신 성철스님의 법어 "산은 산이요 물은 물이로다"를 되뇌어 본다.

인간관계

 45년 은행 생활을 하면서 수많은 분들과 교류했고 때로는 실망도 했지만 전반적으로는 좋은 분들과의 인연은 내 힘의 원천이 되었고 좋은 관계를 지향한 것은 프랭클린의 가르침에도 따르는 것이었다.

 인간관계에는 친구, 직장동료, 특히 상사와 부하, 가족관계, 사회단체에서의 관계 등 수많은 관계들이 있다. 이 모든 것 중 하나라도 소홀히 해도 괜찮을 것이 없다. 나는 평소 우리 집 애들에게 가까운 데 있는 사람을 확실한 자기의 우군으로 삼는 게 중요하다고 말했다. 가까운 데 있는 엄마나 아빠를 자기편으로 확실히 해둘 만큼 평소에 좋은 관계를 유지하는 것이 자기의 뜻을 관철하기에도 좋다는 것을 얘기한 것이다. 어떤 새로운 일이나 비용이 들어가는 일을 지원받는 데 있어 설득력 있게 관철하기에, 좋은 인간관계는 항상 효과적이다. 살아오면서 이런 기조에서 인간관계를 맺어왔다. 다만 세상은 자신의 생각과는 다르게 아무리 좋게 대하려 해도 잘 받아주지 않는 경우도 있다.

 초등학교 다닐 때 선생님들과의 관계는 어머니를 잃은 아픔 속에서도 나를 꿋꿋이 지탱케 했고 객지에서 맺은 친구들과의 관계도 나를 어려움 속에서 버티게 했다. 사회에서도 직장 상사들과의 좋은 관계는 승진이나 이동 시에도 정말 큰 힘이 되었다. 물론 이러한 인간관계의 기본은 무엇보다 신뢰를 쌓는 데에서 출발하고 이 신뢰는 나 자신이 정말 성실하고 열정적으로 일해야만 얻어질 수 있는 것이었기는 하다. 특히 이기적 관점에서 보는 것이 아닐지라도 교회나 사회단체 등의 좋은 인간관계 속에 사랑과 너그러움이 배려된 관계는 정말 살맛 나게 하는 일이 아닐 수 없다고 하겠다.

 또한 늘 기억해야 할 것은 모든 사람이 자기에게 우호적이지만은 않다는 것을 인정해야 한다는 것이다. 때로 질시의 대상으로, 때로 경쟁자로 인식된다는 점에서 매사 몸가짐을 바로

하고, 공의에서 벗어나는 일을 경계해야 할 것이다. 아울러 인간관계의 형성이나 유지에 있어서 처음부터 무조건 잘되어지는 것은 아니기 때문에 자신이 먼저 손을 내밀고 먼저 대화를 청할 것을 권면하고 싶다.

오래전 1937년도에 발간된 데일 카네기의 『인간관계론』을 읽은 적이 있었는데 천태만상의 다양한 인간군에서 어떻게 관계를 형성해 나가는 것이 좋은지에 대해 잘 설명하고 있었다. 그 대강의 내용은 주로 타인을 비판하지 말고 칭찬해 주고 인정해 주어야 하며 말을 경청해 주어야 좋은 관계를 이룰 수 있고, 이는 곧 비즈니스나 사회생활의 성공을 가져오는 길이 된다는 것이다.

나는 이 책을 읽으면서 저자가 너무 비즈니스적 관점에서만 인간관계를 생각한 것이 아닌가? 하는 평가를 하면서 동시에 진심과 사랑이 가미된 인간관계의 중요성을 잊어서는 안 된다는 생각을 품는 계기로 삼기도 하였다.

성공과 실패

 직장인들에게 성공이란 무엇이냐고 물어본다면 그 회사의 대표가 되는 것이라고 대답할 수도 있을 것 같다. 그런 면에서 내 후배들 몇몇은 나를 성공한 사람 중의 한 명이라고 말하기도 한다.

 그러나 나는 그 말에 동의하지 않았다. 그저 성실하게 살아왔고 바르고 합리적인 길이라 생각하며 열심히 산 내 삶의 여정에 있어 일부의 기간에 대표라는 지위를 가지고 일했을 뿐이다. 경기은행 퇴직 후 한미은행나 씨티은행 전직도 그리고 저축은행 입행도, 어떤 분들은 작은 성공이라고 말하지만 나는 그저 은행원으로의 취업에 불과할 뿐 남들이 하는 직업 선택과

똑같이 한 것이라고 설명하여 왔다.

  그렇다. 성공을 사회적 지위나 물질의 크기로만 평가하는 것은 옳지 않은 것이라고 말하기도 했다. 그러나 최근에 이르러 후배들의 의견에 일부 수긍되는 바가 있다는 생각을 하였다. 내가 지내온 과정에서 나와 같은 목표를 가지고 열심히 노력했던 상대들이 있었다는 것이 명확한 사실이기에, 나의 경우도 작은 성공의 사례로 평가될 수 있겠구나 하고 본 것이다. 그래도 이 일에 대해 이야기할 때는 정말 겸손하게 말해야 된다고 스스로 다잡기를 한 적이 있다.

  한편 사업하는 분들에게 있어 성공이나 실패는 너무도 분명하게 그 색깔을 드러낸다. 사업적 성공은 상당한 부를 축적시키며 수많은 고용인을 창출시키는 등 사회적 기여도를 높게 해주는 것이기에 자본주의 또는 시장경제를 지향하는 현대 사회에서 매우 중시되어야 할 과제가 아닐 수 없다. 따라서 사업하는 분들에게 있어 성공은 반드시 이루어야 할 지상 과제인데, 이것은 쉽게 되지 않고 수많은 실패를 거듭한 끝에 비로소 오는 경우가 허다하다. 사업에서의 실패는 자신만이 아니라 고용된 타인의 삶까지 어렵게 하고 고통을 수반케 한다. 따라서 그 무게가 직장인들보다 더 크다고 할 수밖에 없으니 그야말로 최선의 노력이 필요한 것이다.

사업가든 직장인이든 어떻게 해야 성공할 수 있을까? 열심히 하고 성실한 것은 성공하는 데 있어 기본이라고 강조한 옛 직장 상사의 말씀이 생각난다. 그분은 그 바탕 위에서 자기만의 색깔을 가진 창조적인 그 무엇인가를 생산해 내야 비로소 성공의 길이 열린다고 말씀하셨는데, 나는 그 의견을 늘 중히 여겼다. 한편, 세상과 미래의 변화를 읽어나가며 시대 흐름과 소통하는 것, 자신을 디지털화하는 것 등은 현대 사회의 성공에 있어 모두 중요한 기본이라고 여겨진다. 그 바탕 위에 자신의 비전을 확고하게 가지고 그 비전을 소속 직원 또는 부하 직원들과 공유하여야 한다. 로마의 장군 율리우스 카이사르가 그 힘든 전쟁터에서 "나는 먹는 것을 풍부하게 주지는 못했지만, 부하들에게 비전을 줌으로써 승리를 가져왔다"고 말한 것을 기억할 필요가 있다.

또한 우리가 작은 산이라도 정상에 올라서면 뿌듯하듯이 작은 목표라도 성취하면 기분이 좋아지는 걸 경험하게 되는데, 이것 역시 중시해야 한다. 작은 목표 여러 가지를 이루어 가면 그것이 곧 큰 목표 달성으로 이어지는 것이니 성공은 작은 데에서 시작되는 것이 아닐까? 독서도 하루에 책 한 권이 아니라

10페이지 읽기 등과 같이 소소하게 시작하고 습관화한다면 나중에는 대단한 독서가가 되어 있을 것이다.

어떤 분은 '내가 아닌 남을 위해 살자'라는 좌우명으로 자신을 늘 채찍질하여 장사에 성공했다는 이야기를 하고, 사업으로 창출한 가치를 여러 사람과 같이 나누는 데에서 성공의 길을 찾았다는 분도 있다.

그런데 이분들도 많은 실패의 경험을 얘기하면서 세상이 만만치 않음을 고백한다. 주식 투자의 경우에도 회사에 대한 잘못된 판단과 정보력 미흡으로 상당한 투자 손실을 보기도 한다. 실패의 쓰라림이야말로 당해보지 않으면 짐작하기 어려울 정도이다. 물론 실패하지 않는 것이 좋지만, 세상일이 그렇게 호락호락하지 않다. 또 작은 성공을 거두고 나서 교만해져서 더 큰 실패를 감당해야 하는 경우도 있다.

그러나 실패의 경험도 자산이다. 실패를 거울삼아 도전하고 또 도전하면 반드시 성공의 열매가 열릴 것이라고 생각한다. 실패에 절대 좌절하지 말고 녹녹하지 않은 세파를 힘겹지만 이겨내면서 자기가 추구하는 분야에서 꼭 성공하시길 바란다.

여기서 성공과 실패를 다른 각도에서 본 시인의 생각을 들여다보자. 인생의 성공을 노래한 랄프 왈도 에머슨 시인의 시 한 부분이다.

"자주 그리고 많이 웃는 것
현명한 이에게 존경을 받고
아이들에게 사랑을 받는 것
정직한 비평가의 찬사를 듣고
친구의 배반을 참아 내는 것
아름다움을 식별할 줄 알며
다른 사람에게서 최선의 것을 발견하는 것
건전한 아이를 낳든
한 뙈기의 정원을 가꾸든
사회 환경을 개선하든
자기가 태어나기 전보다
세상을 조금이라도 살기 좋은 곳으로
만들어 놓고 떠나는 것
자신이 한때 이곳에서 살았음으로 해서
단 한 사람의 인생이라도 행복해지는 것
이것이 진정한 성공이다"

BAKER
45

V. 경제, 이렇게 챙기자

BAKER
45

　은행 생활은 곧 경제생활의 주요한 일부임은 주지의 사실이다. 금융은 경제의 혈류로 인식되니 은행 근무이력은 경제에 대해 무얼 좀 아는 사람으로도 여겨질 수도 있다. 그러나 돌이켜 보건대 내가 과연 경제를 잘 알았을까 자문해 볼 때 스스로 자신 있게 그렇다고 말하기에는 정말 많이 부족하다. 그럼에도 이 부분을 쓰려고 하는 것은 나의 경험들이 독자들의 경제생활에 조금이나마 보탬이 되리라 믿기 때문이다. 대학과 대학원에서의 경제학, 경영학전공, 고교 졸업 후 중부시장에서의 종업원 생활, 조그마한 원단 가게의 주인 경력, 은행과 저축은행에서의 업체 사장님들과의 여·수신거래 및 산업체 파견 경험 등을 토대로 몇 가지 이야기를 전개하고자 한다.

주식

한국의 증권거래소에서는 주식, 펀드, ELF, 선물, 옵션 등 수종의 거래가 매일 이뤄진다. 이들을 통칭하여 우리는 유가증권 거래라고도 하고 혹은 그냥 주식 투자라고도 한다.

주식 투자는 물론 돈을 벌기 위해 혹은 자본을 증대시키기 위해서 하는 것인데 본래의 목적을 제대로 이루는 사람은 그렇게 많지 않을 듯하다. 만일 내게 직장을 다니면서 이런 의미의 주식을 투자하는 것이 어떤가에 대한 조언을 요청한다면 나는 반대 입장을 분명히 할 것이다. 다만, 자본시장의 생리를 알고 경제 흐름을 알기 위해, 또 자기가 가진 현금의 20% 내외의 수준에서 주식 투자를 한다면 그 정도까지는 양해할 것 같다. 즉 주식시장에서 돈을 벌기란 정말 어렵기 때문에 오히려 돈을 잃어 손해를 보거나 아니면 설사 손해를 보지 않더라도 예금이자로 대신할 수 있는 기회비용을 커버하기 어렵기 때문이다. 물론 이는 한국의 주식시장 사례에 국한된 것이지만 전문 투자자가 아니고 본업에 충실하면서 하는 주식 투자는 큰 리스크를 안고 있는 것이다.

나의 경우 지금으로부터 40년 전부터 상당액의 주식 투자를 하면서 때론 작은 성공을 때론 상당한 손실을 경험한 사례가 있다. 직장 근무 시에는 물론 감당할 수 있는 범위 내에서 소액 투자를 했었고 신용거래 경험도 가져보았다. 결과적으로는 신용거래는 거의 실패했고 적정규모의 현금 투자는 때로 성공적인 결과가 되기도 했다. 그러나 기회비용을 능가하지는 못했고 주식 투자를 통해 경제 전반의 흐름을 보다 잘 인식하게 되고 증권사 친구들과 교류하는 의미는 있었다.

직장인으로서의 주식 투자를 결코 권유하고 싶은 생각은 없지만 주식 투자를 하거나 꼭 하고 싶다는 친구들에게 다음과 같은 조언을 하고자 한다.

첫째, 주식 투자를 하려면 무엇보다 주식 투자에 대해 긍정적 생각을 갖기를 권한다. 투자에 대해 남의 눈을 의식하거나 쭈뼛쭈뼛해서는 안 되고, 당당한 자세로 투자해야 한다. 주위 여건이 그러한 규제와 환경 아래 있다면 처음부터 투자를 시작해서는 안 된다. 또 세계적인 투자가 워런 버핏과 같이 주식 투자를 통해 부와 명성을 일궈낼 수 있다는 희망과 신념이 필요하다. 물론 이러한 꿈을 실현하자면 상당한 공부와 노력이 필요할 것이다. 경제 전반과 개별기업을 속속들이 파헤칠 수 있는 안목을 기르기 바란다.

둘째, 직장인들은 전업투자자가 아니라는 점을 항상 마음에 담고 겸손한 자세로 투자하여야 한다. 선물이나 옵션거래 등은 가급적 직장을 다니는 동안은 절대 해서는 안 될 것 같고 만약 하고자 한다면 전업투자자로 전직해서 해야 할 것이다. 또 신용거래 등 레버리지 투자는 수익보다는 손실을 가져올 가능성이 높으므로 역시 권장하지 않는다. 다만 최근 코인 투자가 사회적으로 크게 활성화되고 있는데, 본인의 판단 여하에 따라 움직여야 하겠지만 워런 버핏 등 전통적 투자가들은 추천하지 않는 상황이다. 가격 변동성이 너무 크고 코인 자체가 근원적 가치를 담고 있지 않다는 이유 때문인데, 코인 투자를 하지 않아 시대의 흐름을 모르는 것도 문제라는 점이 지적될 수 있다. 특히 최근에는 중고 자동차 거래대금의 50% 내외가 비트코인으로 결제되고 있는 현실을 수용해야 하는 상황이다. 따라서 자신에게 최적화된 소규모 투자를 하는 것은 어느 정도 수용할 만하다고 본다. 그러나 코인 중에서도 비트코인을 제외한 리플 등 알트 코인류에 대해서는 투자할 때보다 각별한 주의와 노력이 필요하다는 점을 강조하고 싶다.

셋째, 따라서 직장인들은 100년 이상의 경험치로 볼 때 늘 우상향하는 미국의 선도기업을 담는 펀드에 투자하거나 국내의 최고 기업 중 배당정책의 우수정도, 산업의 선도성, 산업 내에서의 1등 기업만을 찾아 투자한다면 성공 확률이 높을 것이다. 미국 주식시장의 시가 총액은 전 세계 주식시장 시가 총액의 45~50%에 이르고 우리나라는 2%에도 들지 못할 정도이다. 그만큼 주식도 글로벌 마인드를 갖고 해야 한다는 것이다. 이렇게 투자한다면 투자자로서 불안하지 않을 것이며 꾸준히 배당금을 수령하고 장기적으로는 주가도 우상향하는 것을 보게 될 것이다. 다만, 이 경우에도 1년에 몇 번씩은 잠 못 이루는 밤도 있을 것이나, 그런 것을 몇 번 견디고 나면 그래도 종합적으로는 성과를 이룰 확률이 높다. 특별히 들쭉날쭉한 증시에 오르는 것만 쫓다가 나중에 낭패를 본다든지, 혹은 최고가 대비 많이 내렸다고 산다든지, 혹은 매입한 주식이 많이 하락한 상태에서 이른바 물타기를 하다가 오히려 더 하락하여 손실을 보는 사례를 많이 보아왔기에 위 권유 사항을 숙지해 주기 바란다.

 주식 또는 주식형 펀드의 경우도 포트폴리오 구축이 필요하다. 예컨대 미국 시장의 주식형 펀드에 30%, 국내 시장에서 배당을 꾸준히 잘해주는 금융기업과 분야별 1등 기업 몇 군데를 골라 장기 분산투자 하는 방식으로 50%, 역동적인 주식시장에서 낙폭이 클 때 매입, 매각을 손쉽게 할 수 있도록 현금성으로 20% 등의 방식으로 분산투자 한다면 안정성과 투자효율 측면에서 비교적 무난할 것이라는 생각을 갖고 있다.

 넷째, 우리나라의 유가증권 시장은 1년에 한두 차례 두어 달 정도 강세장이 연출되는 경우를 많이 보았다. 그러나 그 외의 기간은 대체로 냉각기일 뿐이다. 그러므로 장기투자가 아닌 경우 이 강세장에 합류하여 수익을 극대화하는 것이 필요하나 일반 직장인들로서는 때론 과욕, 때론 소탐의 기회를 잡기가 너무 어려운 것이 현실이다. 그러므로 위 세 가지 사항에서 권유하는 것 말고는 절대 권하고 싶지 않다.

부동산

한국에서의 부동산 투자는 적정한 부를 이루는 첩경으로 이해되고 있는 것이 과언이 아닐 것이다. 왜냐하면 부동산은 수많은 한국인들이 가장 선호하는 투자 대상이기도 하고, 또 토지 등은 희소성이나 제한성이 뚜렷하기 때문이다. 최근 현금수입이 넉넉한 연예인이나 체육인들이 강남의 건물 등에 투자하여 상당한 차익을 거두었다는 언론보도를 보면서 직장인들은 상대적 박탈감을 느낀다. 따라서 큰돈은 못 굴리지만 작은 돈이라도 투자해 보는 법을 배우고 익혀 후일 성공적인 투자가로서 입지를 다진다면 노후 생활이 넉넉해지는 여유가 생긴다는 점에서 몇 가지 기술해 본다.

여기서 투자와 투기를 좀 구분해서 보아야 한다. 직장을 가진 샐러리맨이 아파트 한 채, 혹은 월 임대료가 조금 나오는 상가, 그리고 주택을 짓기 위한 일정 규모의 택지를 구입했을 때 이를 투기라고 말하지는 않을 것이다. 솔직히 직장인들은 적당한 투자면 몰라도 투기할 돈도 시간도 없다.

내가 처음 부동산에 투자한 것은 성남지점 근무할 때 대지 약 50평 정도 되는 택지였다. 비교적 싼 값에 구입했는데 1년 정도 후에 약 10% 정도 더한 값으로 매도하라는 부동산 중개업자의 말에 그만 매도처리 하였다. 그때는 정말 부동산은 전혀 모르는 문외한이었는데 나중에 보니 그 땅이 약 2년 후에 세 배 수준으로 뜀박질하였다는 얘기를 들었다. 이처럼 부동산은 상당 기간 약 7년 내외는 그다지 움직임이 없다가 특정 시기 1~2년 동안 폭발적 가격변동이 있다. 그 후에도 내가 경제생활을 해온 40여 년간 몇 번에 걸쳐 그런 현상을 보았는데, 주식시장이 10개월은 그저 그런 시장이다가 1~2개월 반짝 움직이는 경우와 기간적으로 대비되곤 하였다. 즉 부동산 투자는 시간을 느긋하게 갖고 해야 한다는 말이다.

또 부동산 투자에 있어 다른 사람과 공동으로 투자하는 경우 대부분 실패하는 경우를 보았는데 이는 각 사람의 처한 위치에서, 예상하지 못한 우발적인 특별한 일들이 자주 발생하여 투자자 중 한 명이 갑자기 급하게 돈이 필요하여 부동산을 처분할 일이 생기는 경우가 발생할 때 결국은 매매에 응해줄 수밖에 없게 되는 등 좋은 투자가 될 확률이 낮아지기 때문이다. 나도 직장의 상사나 거래 관계로 친해진 지인 또는 선후배들이 좋은 투자라고 권유를 하여 3번 정도 토지를 공동으로 구입한 적이 있었는데 모두 큰 소득 없이 본전 수준에 매매한 적이 있다. 지금 생각하면 참 부질없는 일이었다.

나의 부동산 투자에서 성공적이라고 볼 수 있는 것은 80년대 서울 지역이나, 그것도 강남 지역이 아닌 곳에 아파트 한 채를 구입하고 40년 가까이 장기 보유 한 것이 유일하다. 이와 같이 나의 부동산 투자는 전반적으로 볼 때 실패했다고 볼 수밖에 없다. 그럼에도 이렇게 기록하는 것은 독자들의 투자에 참고가 되길 바라는 마음에서이다.

한국에서 부동산 투자 시 가장 고려해야 할 것은 부동산 관련 세제와 아파트 청약제도 등에 대해 정확한 정보를 갖는 일이다. 청약제도를 잘 파악하고 좋은 위치의 아파트를 분양받을 경우는 상당히 높은 프리미엄이 있는 것이 현실이므로 샐러리맨 입장에서는 꼭 챙겨야 할 사항이다. 다음으로 부동산 양

도세제에 관해서 세무사나 세무공무원보다 오히려 잘 파악해야 한다. 현재 우리나라의 세법은 부동산 투기억제책의 한 방법으로 매우 복잡하므로 이런 점을 잘 인식하여야 좋은 투자로 연결될 수 있다. 최근 수도권의 아파트값은 천정부지로 올라와 있고, 월급을 모아 집을 산다는 것은 정말 어려운 일이 되었다. 그러나 여러분들이여 너무 조급해할 것은 아니다. 우리나라 인구도 계속 감소 추세 중이고 부동산도 차입금에 의존한 상승이라는 점에서 향후 어떤 일이 발생할 줄 모른다. 일본의 90년대 사례처럼 대폭락 등도 언제든 가능한 상황이기 때문이다.

금융 일반

우리나라의 국민이 금융에 대해 어느 정도 파악하고 있는지 정확히 파악하기는 어렵지만 언론지상에 라임 펀드, 옵티머스 펀드, 홍콩지수 연계 펀드 등 크고 작은 펀드 부실화에 따른 피해 문제가 보도되거나 유사 수신 행위인 폰지사기 등으로 수천억대의 피해가 발생되었다는 사실이 세상을 떠들썩하게 만들었다. 이것은 금융에 대해 우리들이 아직도 제대로 인식하지 못하고 있다는 증거들일 것이다. 이에 금융당국과 많은 금융기관들이 경제교육 내지는 금융교육을 위해 상당히 공을 들이고 있다.

우리나라의 금융기관은 대개 시중은행, 농수협중앙회, 인터

넷은행 및 지방은행을 일컫는 제1금융권, 저축은행, 신협, 단위 농협, 새마을금고 등을 일컫는 제2금융권, 그리고 특수금융을 수행하는 증권, 카드, 캐피털, 보험사 등으로 구성되어 있다. 제 1, 2금융권은 불특정 다수인의 여유자금 등을 예치하는 수신 기능과 자금을 필요로 하는 기업이나 개인에게 자금을 빌려주는 여신 기능을 주로 수행한다. 여기에 더해 시중은행은 펀드나 방카슈랑스를 판매하고 외국환업무를 수행한다.

1, 2금융권은 여신과 수신 금리의 차이 즉, 예대마진이 주 수익원인데 최근에는 펀드 판매 등에 따른 수수료 수익원 확충에 적극 노력하고 있고 은행원들이 수익 목표 달성을 위해 때로 오버하는 경향이 있었던 것도 사실이다. 최근에는 고객들과의 마찰을 피하기 위하여 펀드 권유 시 엄격한 절차를 거치고 있다.

금융 업무의 속성상 보험 가입은 보험사에서 하지만 보험사에서도 저축성 보험 기능이 있고 대출을 해주기도 하며 증권사에서는 주식거래, 유가증권이나 ETF, ELS, MMF 등을 판매하기도 하며, 은행과 같이 퇴직연금을 운용하기도 한다. 그야말로 종합금융 유니버셜뱅킹 업무 수행을 통해 고객을 확보하고 업무영역을 넓히고 있는 것이다.

1, 2금융권뿐만 아니라 증권, 보험사의 수신에 대해서도 국

가는 예금보험공사를 통해 1인당 5천만 원까지 보장해 주고 있다. 금융 안정기에는 이런 예금보험 기능이 절실하지 않지만, 세계적 금융 위기 도래 시 보험은 매우 유용하며 특히 금리를 조금 많이 주는 저축은행 등 소규모 금융기관과의 거래 시 안심하고 거래할 수 있는 기반이 된다. 일반 국민의 입장에서 어느 금융기관을 선택할지는 본인의 자유이다. 자신의 이익 극대화 측면에서 적당한 곳을 고르면 될 것이다.

하지만 금융기관을 선택하는 것은 경제적 부를 확대하는 데 상당히 큰 영향을 준다는 점에서 신중히 생각하고 고르는 것이 바람직하고 한번 거래한 곳은 장기 거래 할 시 신용도가 높아지는 등 장점이 있음을 생각하기 바란다. 그리고 은행, 증권, 저축은행, 보험 등 회사 선택 시 최근에는 거의 모든 업무가 디지털화되어 있기 때문에 금리 등을 따져 거래할 곳을 선택하고 가끔은 주거지 인근 금융기관도 편리성과 유용성을 고려하여 선택을 고려해 보는 것을 추천한다.

금융과 관련하여 특별히 강조하고 싶은 것은 이자율 또는 수익률에 너무 민감해서는 안 된다는 것이다. 금융의 가격은 대체로 금리로 표시된다. 리스크가 적으면 금리는 낮고 리스크를 많이 감수할수록 금리 또는 수익액은 높아진다. 1%대 내외의 저금리 은행 정기예금이 일상화되면 3% 수익률의 펀드나 파생상품이 매우 좋아 보이지만, 겨우 3% 혜택 때문에 원금을 날릴 수 있음을 간과해선 안 된다.

마지막으로 돈을 벌거나 잃지 않으려는 투자의 기본은 주식, 채권, 예금, 펀드, 부동산 등 여러 가지 상품을 분산해서 투자해야 한다는 것이다. 포트폴리오 투자를 해야 한다는 말이다. 앞서 주식에 대해서 기술할 때 주식 분야에 한정해서 효율적 포트폴리오 투자 방식을 제안했는데 필요시 전체 금융상품의 분산, 또 각개별 상품 내, 각 금융기관별로도 분산할 필요가 있다. 어느 한 분야에 집중투자 하면 그 리스크를 감내할 수준에 이르지 못하기도 하고, 때로 수익 확대의 기회를 잃어버린다. 어느 한쪽에서 상당한 수익을 거두고 그것을 상대적으로 저조한 상품으로 재투자하는 형식의 리밸런싱도 중요하므로 간과하지 않기 바란다.

BAKER
45

VI. 사색

BAKER
45

인간사 관련 사색 몇 가지를 기록하고자 하는 것은 나의 관념과 철학을 이야기하는 것에 그치지 아니하고 독자들께도 한 번쯤 생각해 보시고 공감하는 부분이 있지 않을까 하는 기대를 갖기 때문이다. 특히 직장에 다니시는 후배들께 어떻게 사는 게 좀 괜찮은 삶, 후회하지 않는 삶을 사는지에 대한 나침반이 될 수 있기를 바란다.

정치

 정치는 나라를 운영하고 다스리는 일로 간단히 정의되지만 거기에는 수많은 개인과 단체의 이해관계가 조정되고 이에 영향을 미치는 모든 활동을 말하는데, 그 과정에는 다양한 이성, 논리, 감성 등 많은 것이 복합적으로 작용한다. 이에 따라 방법론적 차이 등으로 정치적 의견이 다른 경우에는 부모·형제, 스승과 제자도 서로 쟁점을 놓고 다투기도 한다.

 우리나라의 근현대사를 살펴보면 일제강점기 이후 제6공화국에 이르렀는데, 돌이켜 보면 일부 정치 지도자의 독재, 군부 독재, 민주공화국 헌법 체제이더라도 일부 지도자들의 비민주적 식견이나 성향 때문에 공화정이 제대로 가동되지 못했던 것으로 보인다. 특히 우리나라는 북한과의 동란 이후 각종 이데올로기적 문제로 수많은 양민이 학살되기도 했고 민주화 문제로 희생과 어려움이 있었다. 지역갈등 문제, 노사문제 등도 정치가 해결해야 할 과제였지만 쉽게 풀어지지는 않았다. 이건희 삼성그룹 전 회장께서 기업은 일류, 정치는 삼류라는 말씀을 하셨는데 말씀 그대로이다.

그래도 이 시기에 우리는 박정희, 김영삼, 김대중, 김종필, 노무현 등 걸출한 정치 지도자들이 함께했고 나름의 리더십을 잘 발휘했다고 생각한다. 그분들도 물론 정치적 흠집도 있고 잘못된 부분이 없지 않지만, 전반적으로는 국민의 존경을 받았고 위기 때마다 큰 지도력을 발휘해서 나라를 안정시키고 미래지향적으로 움직였다는 것은 정말 국가를 위해 다행스러운 일이었다.

나는 젊은 시절 김영삼, 김대중 대통령의 유세 현장에도 가보는 등 정치적 관심을 가지고 있었고, 민주주의와 국민과 국가를 위해 어떤 일들을 하셨는지 기억하고 있다. 금융실명제 실시, 하나회 척결, 민주주의 외 시장경제를 지키기 위한 그분들의 노력과 혜안에 감사드린다.

한편, 우리는 정치에 무관심해서는 안 된다. 국가의 오늘과 먼 장래를 위해 참으로 깊은 고민과 생각을 하고 투표로서 권리를 행사하여야 한다. 그렇게 하다 보면 어느 순간 정치도 많이 개선될 것이다. 우리 대한민국을 위해 진보와 보수 등 어느 프레임에 자신을 내몰지 말고 바르게 판단하는 혜안을 길러야겠다. 정치적 선호도를 가급적 정책 위주로 판단하되 어떤 감정을 앞세워 판단하는 것도 삼가야 할 일이다. 특히 극좌나 극우성향을 보이는 것, 급진적이거나 초보수적인 경향으로 빠지는 것은 자신이나 국가를 위해 결코 바람직하지 않은 것이니 주의가 필요하다.

지도자를 선출할 때 미국의 뉴욕 타임스가 미국 대통령 선거 시 적용하는 지도자 선출 표준 잣대인 인격, 도덕성, 법치주의 존중, 말의 진정성, 합리주의 존중 등의 가치를 가졌는지 여부를, 우리 각자도 냉철한 이성으로 판단해 보는 것이 중요하다고 생각된다. 그리고 그 전통을 우리 후손들에게 이어지게 하는 것이 진정으로 나라를 건강하게 하고 국민을 행복하게 할 것이라 믿는다.

삶

주어진 환경에 적응하고 열심히 살다 보니 어느덧 벌써 70세가 넘어갔다. 더 멋지게 살 수도 있었고 더 잘할 수도 있었는데 하는 아쉬움도 있고 45년간 은행이라는 직장생활을 성취한 데 대한 자부심도 있는 것이 사실이다. 이 글을 쓰기로 작정한 것도 내가 살아온 삶의 의미를 되새기고 앞으로의 삶에 대해 어떤 자세를 가져야 할까에 대한 생각을 정리하기 위한 측면도 있다.

학교 다닐 때, 또는 어려움이 있을 때 나는 가끔 푸시킨의 시를 읊조리곤 했다.

"삶이 그대를 속일지라도

슬퍼하거나 노여워하지 말라

슬픔의 날을 견디면

기쁨의 날이 찾아오리니

마음은 미래에 살고

현재는 늘 괴로운 법

모든 것은 순간이며 지나가는 것이나

지나간 것은 훗날 다시 그리워지는 것이니"

참 위로가 되었던 시이다. 다만 이 시는 너무 비관적 측면이 많아 언젠가부터 나도 모르게 좀 멀리하게 되었다. 대신 교회를 다니면서 예수의 말씀을 되새기면서 위로와 희망을 찾았고 삶의 방향에 대해 나름의 신념을 형성하게 되었다.

"내가 주릴 때에 너희가 먹을 것을 주었고, 목마를 때에 마실 것을 주었고, 나그네 되었을 때 영접하였고, 헐벗을 때에 옷을 입혔고, 옥에 갇혔을 때에 와서 보았느니라"(마태 25장 35~36절)

"그러므로 너희가 무엇이든지 남에게 대접을 받고자 하는 대로 남을 대접하라"(마태 7장 12절)

"내일 일을 위하여 염려하지 말라 내일 일은 내일 염려할 것이요. 한 날의 괴로움은 그날로 족하니라"(마태 6장 34절)

"누구든지 자기를 높이는 자는 낮아지고
자기를 낮추는 자는 높아지리라"(마태 23장 12절)

모두 주옥같은 말씀으로 받아들여졌다. 그러나 올바로 실천하는 일이 문제였다. 특히 교만은 패망의 선봉이라는 말씀을 가슴 깊이 간직하면서도 현실 생활에서 겸손하지 못할 때가 많아 스스로를 질책한 적이 수없이 많았음을 고백하지 않을 수 없다.

인간으로 태어나 산다는 것은 생각해 보면 정말 의미 있는 일이다. 그 대척점에 있는 죽음을 생각해 보자. 죽어버리면 그것, 즉 죽음만 남는다. 그뿐이다. 정말 허망한 것이다. 모든 인연들과의 강제적 헤어짐, 여기에서 우리가 어떤 아름다운 의미를 찾을 수 있겠는가. 성실히 열심히 사는 것, 어디서나 꼭 필요한 사람이 되는 것. 이런 자세로 살아간다면 삶은 언제나 빛나고 풍요로워질 것이라 믿는다.

우리가 살아가는 과정에 혹시 마주치는 허무나 고난이 있을 때, 그래서 삶에 대한 회의를 가질 때 신앙은 항상 우리를 긍정적으로 유도하는 측면이 있다. 혹시 신앙이 거기에 미치지 못한다면 좋은 것, 맛있는 것 등 작은 것이라도 삶에 긍정적인 것을 생각하여 자연스레 평상으로 돌아가도록 권유하는 어떤 교수님의 가르침도 나름 의미 있는 것으로 생각한다.

효도와 회한

언젠가 한 저축은행 대표님으로부터 이런 얘기를 들었다. 자신의 운전기사가 최근 그만두었는데 사정인즉 시골에 계신 90을 바라보는 홀로 계신 어머님을 모시기 위해 퇴직한다는 것이었다. 정년이 좀 남아 있었는데도 돌아가시기 전 몇 해만이라도 어머니께 효도하고 싶다는 그 정성에 탄복하여 퇴직을 허락하고 여러 방식으로 도움을 주고 후일 돌아가시면 다시 찾아오라고 하였다는 것이다. 이 얘기를 들었을 때 과연 나는 어땠나 하는 부끄러움이 앞섰다.

나의 아버님께서는 70대 초반에 치매 증상이 시작되어 고초를 겪으셨다. 오래된 옛날 일은 잘 기억하셨는데 최근 일은 전혀 기억을 못 하시는 증세였다. 돌아가시기 얼마 전 모시고 진도 여행을 갔었는데, 다녀와서 오늘 어디를 다녀왔는지 아시냐고 물었더니 모른다고 하셨다. 그때 나는 정말 가슴이 아팠다. 진즉 좀 이렇게 여행도 다니고 잘 했어야 했는데 하는 후회를 하면서 말이다. 결혼하고 가정을 꾸리면서 애들을 잘 키운다는 명목하에 조금만 더, 조금만 더 후에 잘 해드리자 하면서 제대로 잘 모시지 못했던 것이다. 확실히 자리 잡은 후 봉양을 제대로 해야겠다는 생각만 하다가 노환으로 가고 마시니 어찌 할 방법이 없었다. 이런 일은 비단 부모님께만 해당되는 일이 아니었다. 나를 정말 사랑하고 염려해 준 장모님이나 어릴 때 도와주신 이모님, 그리고 큰형님 모두 생각보다 일찍 가셔버리니 어떻게 해볼 방법이 사라져 버렸다.

　이같이 세월은 절대 우리를 기다려 주지 않는 것이었다. 옛 어른들께서 간혹 던져주시는 말씀, 어느 정도 형편이 되어서 효도하려 했더니 그때는 이미 늦었더라는 것이다. 그래서 무엇을 하려거든 바로 지금이 가장 적기로 생각하고 실천해야 한다는 것인데 지금 생각해 보니 참으로 새겨들어야 할 말이었다.

　성경 십계명에도 네 부모님을 공경하라 그리하면 너와 네 자손이 장수하리라는 것이 있는데 내가 겪어본 현실 생활에서도 부모님께 지극히 효도한 친구들이 사업도 잘되고 사회적 평판도 좋은 것을 보아왔다. 내가 가진 이 회한을 다른 분들께서는 결코 갖지 않기를 바라는 마음이다. 많이 그립고 오랫동안 괴롭기 때문이다.

스승

　내가 스승님으로 기억하고 아련한 추억을 간직하고 있는 이유는 어려운 가운데서도 나를 정말 사랑해 주시고 올바른 길로 이끌어 주셨을 뿐만 아니라, 그분들 스스로 정말 존경받는 생활을 하셨기 때문이다. 초등학교 3학년 어머니를 갑자기 잃게 될 때 당시 담임선생님이셨던 박동순 선생님은 나의 앞길을 염려하고 지속적인 대화와 사랑으로 나의 미래를 꿈꾸게 하셨고, 공부를 포기하지 않도록 독려하셨다. 또 6학년 때 담임이었던 신기범 선생님은 내가 먼 장래에 사회와 나라를 위해 큰일을 맡아 할 수 있는 자질이 있다고 격려하시면서 공부를 열심히 하면 반드시 좋은 일이 있을 것이라고 설파하셨다. 특히 교직 생활을 하시면서 농사일을 겸해서 하시는 등 정말 부지런한

분이셨다. 이분들은 가끔 나에게 용돈도 주시는 등 경제적 도움도 주셨으니 더욱 기억에 남는 분들이다. 지금 생각하면 선생님들도 어려우신 상황이었을 텐데 참으로 감사한 일이었다.

또 한 분 내가 오랫동안 스승님으로 기억하고 존경하는 선생님은 대학원 시절 주임교수님이셨던 고려대학교 이장로 교수님이다. 대학원 입학 후 처음 2년 동안은 은행 생활을 하면서도 열심히 출석하고 수강 생활을 잘한 결과 학점을 잘 받아 졸업을 위한 법정 학점을 확보하였다. 그런데 문제는 3년 차 이후였다. 논문을 쓰고 심사를 받아야 했는데 차일피일 미루다 졸업 연한인 7년 차가 다가오는 순간까지 논문을 쓰지 못하는 상황을 맞았다. 직장에서 초기 2년 정도는 본점에서 생활하였기에 다소 시간적 여유가 있었지만, 영업점으로 발령받은 이후에는 영업 목표 달성 등 몇 가지 사안 때문에 그런 문제가 생긴 것이었다. 다음 학기로 미루는 일을 반복하다가 겨우 6년 차에 이르러 논문을 쓰기 시작했다. 이때 이 교수님의 격려와 지도가 없었다면 이마저도 놓쳤을 것으로 생각된다. 늘 사랑으로 대해주셨던 교수님께 감사한 마음을 간직하고 살아가지만 제대로 보답하지 못하여 늘 송구스러운 마음이다.

이밖에 방송대학 시절 공부할 때 행정학 개론을 강의해 주신 서울대 김동건 교수님, 대학원 시절 인사관리를 강의해 주신 고려대 김인수 교수님이 늘 기억난다. 따뜻하고 사랑이 넘치는 강좌를 통해 가르침을 주셨고 늘 아끼는 제자라는 그 무언가를 우리에게 주었다. 특히 김인수 교수께서는 한국이나 외국에서도 그 학문적 업적이 뛰어나기로 유명하셨고 2003년 65세 때 심장마비로 돌아가셨는데 자신의 시신을 기증하시는 등 정말 인성이 따뜻한 학자이셨다. 그분 강의 중 리더는 다른 사람을 지휘하는 사람이기도 하지만 오히려 영향을 미치는 사람이라는 말씀이 아직도 생생하다. 그 선생님들을 감사한 마음으로 기억하고 있다.

 학교생활뿐 아니라 가정이나 사회에서도 나에게 큰 스승으로 자리 잡고 계신 분들이 많다. 방앗간을 하셨던 고모부님과 공무원이셨던 외삼촌께서도 어려운 가정경제 상황임에도 자신들의 자녀들보다 늘 조카인 나를 배려해 주셨고 어떻게 독립적으로 살아갈 것인지를 깨우쳐 주셨다. 은행에 재직 중일 때 은행장님을 비롯한 여러 간부님들과 함께했는데 그분들은 나에게 아랫사람을 어떻게 대하고 어떻게 하면 합리적으로 직무에 대처할 수 있는가를 잘 지도해 주셨다. 모든 분들께 감사한 마음이다.

이렇게 많은 분들의 가르침과 도움으로 나름 나만의 인생을 살아왔는데 나는 과연 누구를 지도하고 사랑하고 있는가? 늘 생각하고 깨닫고 실천해야 할 일들이라 하겠다.

산

살아오면서 산을 많이 오르고 등산이 주는 기쁨과 건강을 나름 즐기며 살아왔다. 경기은행 시절에는 은행 산악회 부회장직도 하면서 매월 1회 이상 전국의 유명 산을 올랐다. 오를 때의 힘든 과정이 있지만 정상에 올라 탁 트인 시야를 경험할 때의 기쁨은 참으로 매력적이다.

전문 등산가처럼 히말라야를 오르는 건 아니지만 산은 늘 푸근한 모습으로 우리를 안아주는데, 외국에 있는 어떤 산보다도 우리나라 산하는 정말 아름답다. 작지만 소박함도 있고 때로 웅장함도 보여주어 나는 우리나라 산하를 정말 사랑한다. 중국의 장자제 등 몇몇 산을 가봤지만 우리 지리산이나 설악산처럼 아름답다는 느낌을 받지 못했다. 맑고 아름다운 계곡물과 물 흐르는 소리, 그 위에 펼쳐진 오르기 딱 알맞은 산허리 및 능선이 주는 즐거움을 여러분들도 많이 맛보시길 바란다.

또한 산에 오르다 보면 여러 산우들과 많은 것을 공감할 수 있고 산우들 한분 한분의 너그럽고 인간적인 진한 우정을 경험할 수 있다. 서로 협력하면서 음식도 나누어 먹고 힘든 상황에서는 자기 일처럼 대해주는 건 기본이라 할 수 있다. 서로 의지가 되는 것이다.

최근에는 지역마다 산악회들이 결성되어 매주 또는 격주 간격으로 주요 산을 등산하는 행사를 지속하고 있는데 여기에 참여하면 적은 비용으로 등산의 매력을 만끽할 수 있으니 활용하는 게 좋겠다.

어려서부터 월출산을 보고 자랐기에 더 산을 좋아하는지는 모르지만, 산길을 걷다 보면 모든 일을 긍정적이고 적극적으로 바라보게 되는, 그러면서도 다소 도전적이 되게 하는 무언가가 있음을 느낀 적이 많다. 인생이 마무리되는 시점으로 생각하는 그 순간까지 산을 통해 건강과 지성, 너그러움을 선물받고 싶다면 이것이 지나친 욕심일까?

꿈

 내가 가장이자 아버지로서 당시 초등학생이던 아이들에게 사람은 장래 무엇이 되겠다는 꿈을 가지고 살아야 한다는 훈계를 하고는 했다. 지금 생각하면 매우 어리석은 강요였지 않았나 하고 반성하기도 한다. 왜냐하면 세상 물정에 전혀 문외한인 아이들에게 단순히 의사, 변호사, 대통령 꿈을 가지라는 것은 그야말로 난센스였던 것이다. 자신이 좋아하는, 자신의 재능에 비추어 적정한 꿈을 가져야 되는 것인데, 전반적 고려 없이 꿈을 꾸라고 강요했으니 참 어리석은 일이었다. 차라리 책을 많이 보고 어떤 일을 추구하는 것이 재미있을 것인지를 찾으라고 권했다면 좋았을 일이다.

그러나 최소한 고등학교 재학 중에는 무슨 직업을 가질 것인지? 이 세상에 태어나서 무슨 족적을 남길 것인지에 대해 진지한 자문이 필요하고 그 결과물로 어떤 꿈을 가질 것인지를 생각하는 것이 정말 필요한 것 같다. 꿈을 가지고 출발하는 것과 목표 없이 막연한 자세로 출발하는 것은 분명히 다르기 때문이다. 최소한 나는 실업계 고등학교를 졸업하고 은행에 들어올 때 대표이사 은행장을 한번 해보아야 되겠다는 생각이 있었다. 이는 1장「은행 30년」에서 기술한 바와 같다. 그런 생각 때문에 은행에서의 인간관계, 업무를 대하는 자세, 문제를 보는 시각 등 많은 것이 좀 특별한 부분이 있었던 것 같다. 특히 도덕적 측면이나 상식적 측면에서 타인의 비난을 받는 일은 스스로 먼저 경계했는데, 어느 때인가 생각해 보았다. 경기은행 행원 때 그 꿈을 꾸었기에 저축은행장이라도 하지 않았을까 하고.

평소 존경하는 미국의 마틴 루터 킹 목사는 "나에게는 꿈이 있습니다"라는 명연설을 통해 미국의 인종차별을 혁파하는 인류사적 공헌을 하여 1984년 노벨평화상을 수상했다. 그는 꿈을 꾸었고 그 꿈을 전 미국민들에게 효과적으로 전달시키고 전 국민의 꿈으로 승화시켰기에 꿈을 이루었다. 그의 연설 한 대목이다.

"나에게는 꿈이 있습니다. 조지아주의 붉은 언덕에서
노예의 후손들과 노예 주인의 후손들이 형제처럼 손을 맞잡고
나란히 앉게 되는 꿈입니다. 나에게는 꿈이 있습니다.
이글거리는 불의와 억압이 존재하는 미시시피주가 자유와
정의의 오아시스가 되는 꿈입니다"

직장인들이 꿈을 가지고 그 회사 일을 하는 것은 본인뿐 아니라 회사 입장에서도 좋은 일이다. 고용인이지만 주인과 같은 의식을 가지고 고객과 시장을 바라보기 때문이다. 본인이 회사를 성장시키는 주역이 됨과 함께 주위 동료들도 같은 방향으로 움직이게 한다면 본인과 회사가 함께 성공하는 길을 여는 것이 되지 않을까? 좋은 꿈을 가지고 성공적인 직장생활 하시기를 진심으로 기원한다.

독서

독서에 대해서 몇 가지 사항을 기록하고 언급한 바 있음에도 조금 더 정리할 필요를 느꼈다. 마침, 우리나라의 한강 작가가 노벨 문학상을 수상한다는 소식에 엄청난 놀라움과 기쁨을 가졌기에 더 그런 것 같다. 과거 그분이 쓴『채식주의자』,『소년이 온다』등 책을 읽으면서 문제작 수작이라고 생각했었으나 이런 결과까지 나오리라고는 생각을 못 했다. 우리나라를 빛나게 했으니 참으로 박수를 보낸다.

독서에 대해서 또는 독서의 중요성에 대해서는 동서고금을 통틀어 수많은 사람들이 설파하였다. 우리는 링컨이나 김대중, 노무현 등의 독서, 일본이나 선진제국 국민들의 독서에 대한 자세나 태도 등 독서의 긍정적 의미가 언론에 회자되고 있는 것을 보아왔다. 한편, 트럼프나 마윈처럼 독서에 대해 다소 부정적인 생각을 갖고 있는 사람이 있는 것 또한 사실이다. 어쨌든 독서는 자기가 경험하지 않은 일과 사상을 알게 하는 좋은 방법이 아닐 수 없다. 지식을 창출하고 역사 또는 사회와 소통하는 데 있어 독서만큼 효율적인 것이 많지 않기 때문일 것이다.

나의 경우 꽤 책을 읽기는 했으나 어디 내세울 정도는 못 된다. 어린 시절 역사 소설 위주로 조금 읽었고 한국이나 세계문학전집 등 소설 위주로 재미를 느끼는 데 주력했다. 나에게 재미와 감동을 주었던 책 몇 가지 뽑아보자면 김구 선생의『백범일지』, 헤밍웨이의『노인과 바다』, 카프카의『변신』, 시오노 나나미의『로마인 이야기』, 조정래의『태백산맥』, 에밀리 브론테의『폭풍의 언덕』, 톨스토이의『부활』등등이라고 하겠다. 특히『로마인 이야기』4, 5권에 있는 율리우스 카이사르의 삶 이야기에 매료되어 그의 남자다움과 지혜, 리더십 등을 흠모하였고 57년 동안 불꽃같이 살고 간 그의 생애를 생각할 때 70을 넘은 나는 나의 역사에 무엇을 남기고 있는가를 늘 자문하기도 하였다.

지금 시대는 인터넷과 미디어가 발달된 디지털 시대여서 거의 많은 정보를 접할 기회와 창구가 많다. 그럼에도 독서를 통해 선인들의 지혜도 습득하며 조용히 사색하는 시간을 갖는다면 그 자체로 위로와 힘이 되어 내공이 쌓이는 것이니만큼, 늘 책을 가까이하기를 권하는 바이다.

예술

 예술에 대해 문외한인 내가 이 화두를 쓰기로 한 데에는 영화「더 컨덕터」의 주연배우가 보여준 독백 한마디가 나의 뇌리에 꽂혔기 때문이다.「더 컨덕터」는 여성 지휘자 꿈을 꾼 주인공이 남성 지휘자 위주의 당시 사회 인식에 정면으로 도전해 꿈을 이루고자 의지를 불태우는 과정에서 슈바이처 박사의 한마디, "예술이란 실패와의 싸움이다"라는 말에서 용기를 얻고 온갖 어려움을 극복하며 드디어는 세계적인 명지휘자의 반열에 오른다는 내용의 영화이다. 나도 그 독백을 듣는 순간 아, 예술이나 인생이나 역시 실패와의 싸움이라는 공통 분모가 있는 것이구나 하는 느낌을 받았다. 다만, 인생은 짧고 예술은 길다는 점만 다를 뿐이리라.

오늘날 현대 사회는 다양한 예술 분야가 활발하게 전개되고 있다. 음악, 미술, 서예, 영화뿐만이 아닌 조각, 공예 등 생소한 분야도 많은 것이 현실이다. 직장생활을 바쁘게 하다 보니 콘서트나 전시회 관람도 1년에 한두 차례 갈 정도로 빈약한 처지에서 예술을 대해오지 않았나 하고 반성하게 된다. 인생을 좀 더 여유롭고 품격 있게 보내는 길을 생각했다면 보다 진즉 예술에 대해 접근했어야 하는데 그러지 못한 아쉬움이 있다. 고요한 가운데 클래식 음악에 심취해 보라. 얼마나 아름다운 것인지!

최근 유튜브를 통해 고흐나 고갱의 삶과 그림, 미켈란젤로나 다빈치의 그림과 조각, 런던, 파리, 로마, 뉴욕, 암스테르담 등 세계 주요 도시에 관련된 예술과 문화 등에 대해 참으로 재미있게 들은 적이 있다. 빈센트 반 고흐의 그림 한 점이 최근 경매시장에서 1천억 원에 육박하고 있지만, 고흐의 생전에는 오직 그림 한 점만이 매매되었다는 사실도 이번에 알았다. 예술과 역사와의 만남, 예술가들의 천재성과 노력의 정도, 그들의 인생을 대하는 태도에서 많은 것을 배울 수 있었는데 시간적, 장소적으로 예술현장 방문이 어려운 현대인들에게 매우 유용하다고 여겨진다.

톨스토이가 말했다. 예술은 예술가의 감정을 타인에게 감염시킴으로써 감동을 주는 것이라고. 우리는 그 감동을 누릴 자격이 있다. 우리가 인간이기 때문이다.

주변에 나이가 들면서 색소폰이나 클라리넷을 배우고 미술학원에 나가면서 그림을 그리는 친구들이 많이 생기고 있다. 예술 활동을 직접 하면서 스스로 감흥을 즐기는 만족도가 매우 높다고 한다. 이렇게 예술가들의 작품을 감상하면서 또는 자신이 직접 경험하면서 예술을 가까이하는 것은 살아 있음의 가치를 높여주는 것이라고 보아 가급적 쉽게 접할 수 있는 부분부터 시작하는 것이 좋겠다.

최근 어릴 때부터 예술 공부에 전념하여 외국까지 가서 박사 학위를 받을 정도로 열심히 했는데 국내에서 마땅한 일자리가 없거나 전문 분야를 떠나 다른 직업을 전전한다는 뉴스를 보고 매우 마음이 아팠다. 경지에 오르기 위해 피나는 노력을 경주했음에도 꽃을 피우지 못한 채 접게 되는 예술인들께 깊은 연민과 위로의 마음을 갖게 된다.

끝으로 때로는 극빈에 가까운 어려운 상황에서도 인류 역사에 뛰어난 작품을 남기고 가신 모든 예술가들께 깊은 존경의 마음을 드리고 싶다. 「더 컨덕터」의 여성 지휘자처럼 실패와 싸워 결국에는 이기신 분들이 아닌가.

사랑

 내가 중학교 3학년 때였다. 당시 영화 「사운드 오브 뮤직」을 극장에서 관람하면서 깊은 감동을 받은 기억이 있다. 영화 줄거리나 음악적 요소 등도 훌륭했지만 가족 간의 깊은 사랑의 힘으로 위기를 벗어나는 과정, 특히 가족, 남녀, 친구, 조국 등에 대한 다양한 형태의 사랑이 전편에 걸쳐 흐르는 것이 인상 깊었다. 어머니를 일찍 여읜 나로서는 이같이 따뜻한 사랑에 보다 많은 공감을 하게 되는 것 같다. 그러나 사랑이라는 것의 의미와 가치는 비단 나의 경우에서만 아닌 온 인류 전체에게도 같은 뜻으로 전달되리라 믿는다.

 신약성경 고린도전서 13장에, "사랑은 오래 참고 사랑은 온

유하며 시기하지 아니하며 사랑은 자랑하지 아니하며 교만하지 아니하며, 무례히 행하지 아니하며 자기의 유익을 구하지 아니하며 성내지 아니하며 악한 것을 생각하지 아니하며, 불의를 기뻐하지 아니하며 진리와 함께 기뻐하고, 모든 것을 참으며 모든 것을 믿으며 모든 것을 견디느니라"라는 대목이 있다. 가만히 한 구절 한 구절을 음미하면서 내가 과연 사랑을 실천했는가 생각해 볼 때 참으로 부끄러움을 감출 수가 없다.

오히려 부모님이나 스승님, 친구나 직장 선배님들의 과분한 사랑을 받으며 살아왔는데 이에 대해 제대로 보답도 못 한 것이니 많이 반성할 수밖에 없다. 나이가 들고 나서야 아내의 잔소리도 애들의 비판적 얘기도 다 사랑의 한 방법이라는 것을 깨닫게 되니 늦게라도 알게 된 것을 감사해야 할 것 같다.

남녀 간의 멜로적인 사랑도 물론 사랑의 한 형태로서 인정되어야 하지만 우리의 일반적인 삶 속에서 늘 존재해야 할 사랑에 대해 가치를 부여하고 존중히 여기는 것처럼 의미 있는 일은 그렇게 많지 않다. 사회봉사, ESG 활동도 이런 배경에서 발생된 것이고 이것이 곧 사회적 존경을 유발시킨다고 생각된다. 직장에서도 당해 직장이나 직장동료에 대한 사랑과 연민을 가지고 일할 때 오히려 자신에게 득이 되는 경우가 있다. 회사의 오너나 직장의 상사는 그런 직장인을 누구보다 빨리 알아채기 때문이다.

전쟁 또는 폭력 영화도 그 안에 사랑의 스토리가 없으면 재미가 덜하다. 코끝이 찡하는 사랑 이야기가 함께할 때 그 영화의 가치가 올라간다는 점에서 사랑의 가치는 큰 것이다.

사랑이 메말라지면 늘 좋지 않은 일이 일어난다. 위정자가 국가와 국민을, 가장이 그 가족 구성원을 제대로 사랑하지 않을 때 시위나 소요, 이혼 등 큰 비용이 드는 험한 일들이 발생하게 되는 것이다. 우리의 작은 일터에서, 가정에서, 사회에서 우리가 인식하든 아니하든 사랑이야말로 진정 필요한 철학이요 원칙인 것이다.

독자님들이여, 부디 사랑 속에서 늘 행복하시길 바란다.

실수들

　지금까지 살아오면서 매사에 최선을 다하고 일 처리를 철저하게 하고자 노력해 온 점도 있으나 돌이켜 보면 몇 가지 실수로 인해 낭패를 맛본 경험도 적지 않은 것 같다.

구두닦이

　대전역 앞 다방이었다. 신혼여행을 마치고 처갓집에 들러 인사하고 귀경하는 길에 마침 1시간가량 여유가 있어 아내와 근처 다방에서 커피를 마시고 있었다. 아내와 나는 신혼 인사로 들른 길이어서 한복을 입고 있었다. 그런데 중학생 수준 나이의 한 구두닦이 소년이 구두를 닦는 것을 권유하였다. 야릇한 미소를 지을 때 알아봤어야 했는데, 나는 닦는 데 시간이 얼마나 걸리는가를 묻고, 20분 이내에 잘 닦아 가져다드리겠다는 말을 믿고 구두를 벗어주었다.

그런데 20분이 지나고 30분이 지나도 그 소년은 올 기미가 없었다. 다방 주인에게 물어봐도 그 친구가 어디에서 구두를 닦는지 모른다는 것이었다. 기차 출발 시간은 다 되어가는데 낭패가 아닐 수 없었다. 아내는 순진하게 생긴 내 얼굴이 사기 치기에 좋은 상대로 보였을 것 같다며 헛웃음을 치며 이내 다방 주인에게 달려갔다.

기차를 타야 할 시각까지 불과 10여 분 남짓 남았을 때 아내는 내게 5천 원을 달라고 하였다. 구두 하나 닦는 값이 천 원이었는데 무려 다섯 배를 주어야 한다는 것이다. 주인도 잘 모르는 애들이 심심치 않게 기차 타려는 손님 대상으로 이런 일을 하는 것 같다며, 잘 아는 동네 애에게 부탁해 구두를 찾아줄 테니 대신 돈을 좀 주어야 된다는 것이다. 기차를 타야 될 시각이 다 되어가는 상황에서 다른 대안이 없어 결국은 비싼 값에 구두를 닦는 격이 되어버렸다. 순진한 내 얼굴이 아이들 보기에도 사기 치기 좋은 대상이 되었다니 한심하기도 하고, 그저 신부인 아내에게 멋쩍은 웃음을 지을 수밖에 없었다.

토끼털 점퍼

경기은행 숭의동지점에서 근무할 때이다. 그러니까 내 나이 38세 전후였다. 점심 식사를 마치고 잠시 지점 건물 뒤 주차장에서 화단의 꽃을 보고 있는데 어떤 분이 고급 승용차에서 내려 자기 차로 한번 와보라는 것이었다. 내가 은행 직원이라는 것을 알고 좋은 직장에 다니신다고 추켜세우는 한편 자기네 회사가 해외로 여성 밍크 점퍼를 가공하여 수출하는 업체인데 이번에 수출하고 남은 제품 일부에 대하여 30%대 가격으로 특별 판매 하니, 이 기회에 사모님께 한 벌 마련해 주는 것이 어떠냐고 은근히 유도하였다. 그렇지 않아도 아내가 지난겨울 밍크코트에 관심을 보였던 생각이 들어 어디 한번 봅시다 하고 반응하였더니 자동차 트렁크를 열고 털옷을 보여주었는데 검고 부드러운 점퍼가 정말 고급스러워 보였고 흐뭇해할 아내의 얼굴이 떠올랐다.

나는 월급의 30% 정도 되는 다소 부담되는 가격에도 아랑곳없이 그 자리에서 구입하기로 결정하고 사무실에 들러 현금을 가져와 결제하였다. 집에 돌아와 아내에게 건네니 일단은 반가워하는 표정이었다.

그런데 문제는 그다음이었다. 아내가 자랑삼아 교회 모임에 입고 가서 남편이 밍크 점퍼를 사 왔다고 말했더니 한 친한 여자 집사께서 털이 참 부드럽고 곱긴 한데 이거는 밍크 털이 아니고 토끼털 같다고 했다는 것이다. 이렇게 어리숙하게 당하다니 참 쓴웃음이 나는 일이었다. 순진한 내가 대전역 구두 사건 이후 다시 한번 쓴맛을 본 것이다. 은행 창구 앞에 와서 사기를 칠 만한 대상을 물색하던 중 내가 좀 만만해 보였던가 보다. 내가 그렇게 생겼을까?

블랙아웃

술을 좋아하신 아버님의 유전자 덕분인지 술은 나에게도 어느 정도 가까운 친구가 되었다. 직장동료들 또는 학교 친구들 간에 비교적 자주 술자리를 가졌다. 그렇다고 내가 심한 술꾼은 아니었고 상당히 절제하려는 마음은 항상 가지고 있었던 것 같다. 그래도 술이 과한 경험도 많았고 내가 기억하기로 최소 3번 이상은 완전 블랙아웃을 경험한 것 같다.

언젠가 은행 직원들과 등반을 마치고 내려와서 술을 곁들인 식사를 한 것이 시작이었다. 한 동기 친구가 술맛이 돈다며 자기 집에 좋은 술이 있으니 놀고 가라고 하여 들르게 된 것이 화를 불렀다.

술을 좋아하고 주량도 꽤 있는 편이었던 동료 직원 4명 정도가 함께 갔는데, 그중에 내가 제일 약했던 것으로 기억한다. 그 친구가 터키 여행을 갔다 올 때 사 왔다는 술을 내놓았는데 이 술을 맥주 컵으로 두 잔 정도를 먹고 나서 나는 완전히 뻗어버렸다. 그 술에서 이상한 화학 성분이 느껴진다고 생각한 후 다른 술들과 혼합하게 되니 완전 정신을 차리지 못한 것이다. 당시 그 친구 집은 부천, 우리 집은 인천이었는데 결국 친구는 내 아내를 호출한 후 몇몇 동료들과 함께 무거운 내 몸을 택시에 올려 태워 나를 보냈는데, 나는 조금도 기억이 나지 않았다. 다음 날 일어나 보니 내 이마에 커다란 혹이 보이는 것이 아닌가. 머리도 지끈지끈 그 괴로움이 말로 표현하기 어려울 정도였다. 아내에게 호되게 질책을 당한 것은 당연지사였다. 그 경험 이후로 이렇게 술 먹다 죽을 수도 있겠구나 하고 크게 반성하며 조심하게 되었는데 이것이 나의 세 번째 블랙아웃 경험이었다.

건강

  부모님께서 물려주신 기본 체력과 아내가 차려주는 밥상 덕분에 건강을 잘 유지하고 있다. 지난 70여 년을 뒤돌아볼 때 치질 수술을 위하여 3일, 디스크 시술을 위해 하루 정도 입원한 전력이 전부이니 전체적으로 볼 때 지금까지는 그런대로 건강하게 지내온 것 같다.

  나의 경우 처음부터 담배는 입에 대지 않았고 술은 애주가급은 아니지만 그래도 상당히 즐겨 했는데 다행히 건강에 무리를 줄 정도는 아니었던 것 같다. 지금은 술을 가급적 멀리하려고 하지만 1주일에 한두 번은 소량으로 즐기고 있다. 담배와 달리 어느 정도의 술은 스트레스도 해소하고 대화의 자리에서 즐길 수 있는 음료라고 생각되어 늘 긍정적으로 생각하고 있다.

 60세까지는 건강을 위해 특별한 노력을 기울이지 않았다. 그저 주말에 등산이나 골프를 즐기는 것이 건강을 위한 첩경으로 생각할 뿐이었다. 그러나 60대 초반부터는 나이 들어 병원으로 들어가는 일은 예방해야 된다는 생각이 불현듯 들기 시작했다.

 나의 의지대로 살지 못하고 타인의 조력을 받아 살아야 한다면 그것처럼 서러운 일이 없을 것이다. 그때부터 언론 지상에 발표되는 건강 관련 이야기들에 관심을 갖게 되었다. 70세부터 달리기를 시작했다는 어느 기업체 회장, 사람들이 너무 많이 먹어 과한 체중이 되고, 이는 곧 다른 병을 유발하기에 소식을 즐긴다는 유명 병원 의사, 근육 운동과 자전거 타기를 즐겨 건강을 지킨다는 대학교수 등, 다양한 사람들의 건강 비법을 보고 내게 맞는 운동 방식이 무엇일까 하고 생각하다가 매일 새벽 5시경에 기상하여 40분가량 걷고 40분가량은 체조 푸시업, 철봉 몇 가지 기구 들기 등 가벼운 근육 운동을 하기로 하고 최근까지 약 10년 이상을 지속해 오고 있다. 10년 전에 비해 지금 체중은 약 8킬로그램 정도 빠진 79킬로그램을 유지하고 있는데 내 키에 비례해 적당한 무게로 생각된다.

눈, 비가 오는 궂은 날씨나 몹시 추울 때는 때로 게으름을 피우게 되는 경우도 있는데 이것을 참고 습관을 들이려 노력하여 왔고, 그래도 거의 주 5일 이상은 운동을 해온 것 같다. 병원에 입원하여 의사와 간호사의 지시와 보호를 받아야 하는 일처럼 끔찍한 일은 없다. 사람 몸은 태생적으로 좀 괴롭혀 주고 움직여 주어야 역설적으로 건강해진다는 사실을 주목하고 운동을 가까이하는 것이 좋겠다. 자신은 물론 주변의 가족들을 괴롭히지 않는 길이 곧 운동인 것이다.

건강한 몸에 건강한 정신이 깃들고 건강을 잃으면 모든 것을 잃는다는 선각자들의 말씀이 결코 틀린 얘기가 아니라는 것을 기억하기 바란다.

리더십

은행 생활을 하며 지점장, 부서장 등 단위 조직의 리더 역할을 11년 정도 하였고, 저축은행 대표를 9년, 합쳐서 20년 정도를 하였으니 리더 또는 리더십에 대한 소회나 생각이 없을 수 없다. 전체적으로 볼 때 좀 더 잘했으면 하는 여러 아쉬움이 많이 남는다. 그래도 부족한 자질이었지만 큰 무리 없이 이 정도라도 리더 역할을 수행했던 것은 경영, 경제학 공부를 할 때 잘 가르쳐 주신 선생님들의 덕분도 있었고, 무엇보다 선배 경영진들이 보여준 학습 효과가 있었기 때문으로 생각된다.

내가 생각할 때 리더는 로마의 장교들처럼 항상 앞장서서 나를 따르라는 원칙을 갖고 모범을 보여야 하며 구성원에게 비전을 제시하고 늘 희망을 갖도록 하며 선한 영향력을 주어야 한다는 것이다. 은행의 각종 영업 캠페인 과정이나 경영 목표의 설정이나 달성 과정에 나는 늘 이런 자세를 생각하곤 했다.

어떤 조직이건 리더의 리더십이 잘 발현된다면 그 조직은 성공적인 조직이 될 것이나, 만일 리더십 행사가 우왕좌왕하거나 리더십이 두세 군데 이상에서 행사된다면 밑의 직원들은 혼란스러운 상황이 된다. 그래서 빨치산들은 두 명이 있어도 반드시 리더를 지명한다는 내용이 있는 이병주의 소설이 가끔 떠오른다.

최근에는 좀 덜한 편이지만 90년대에는 리더십 관련 책들이 넘쳐 날 정도였다. 특히 미국의 기업가 잭 웰치의 인사관리 방법이 세계적으로 회자되었고 여러 기업에서도 유능한 직원과 다소 업무 성과가 뒤지는 직원에 대한 평가와 대처 방식이 활발히 활용되기도 했다. 하위 평가자 10%는 퇴출, 유능한 20%는 우대하는 방식이었다. 나는 그 방식이 아주 좋은 리더십의 길은 아니라고 늘 생각하며 살아왔다. 함께 사는 길이 아니었기 때문이다.

공자는 『논어』의 「요왈 편」에서 지도자의 악덕을 다음과 같이 말했다. "공은 상사의 것으로 돌리고 잘못은 부하에게 뒤집어씌우는 상급자, 가르쳐 주지 않고 일이 잘못되면 책임을 묻는 상급자" 등이라고 말이다. 그는 이런 것은 지도자가 절대 해서는 안 될 일이라고 하였다.

리더는 이런 모습을 보여서는 안 된다. 늘 아랫사람을 사랑하고 연민의 자세를 견지해야 그들이 마음 깊이 따르게 되고 그러한 마음의 교류가 있어야 그 조직이 성공적인 조직이 되는 것이다.

또 리더는 정말 많이 참아야 하며 자신의 감정을 외부에 표출하는 일을 자제해야 한다. 지금은 이탈리아에 속해 있지만 과거 베네치아공화국에서는 국왕이 화를 내는 것을 엄격하게 금지하는 전통이 있었다고 한다. 당시 베네치아공화국은 유대인이 중심이 된 베니스 상인들의 상술을 기반으로 엄청난 부를 누리고 있었고 유럽과 중동을 쥐락펴락할 정도였는데, 부강한 국가가 된 데는 훌륭한 국가적 리더십이 작동되는 문화와 역사가 있었던 것이다.

스스로에게 주어진 리더로서의 자질을 잘 계발하고 끊임없는 노력을 통해 모두들 훌륭한 리더가 되기를 바란다.

사람들

 70년을 살아오는 동안 학교, 직장, 사회생활 속에서 많은 사람을 만났고 좋은 분들과 교제하였다. 때론 좋은 이미지로 때론 나쁜 이미지로 머릿속에 기억되는 사람이나 일들이 많다. 이 장에서는 몇 분을 소개하고 그분들의 삶의 궤적을 좇아 같이 음미하고 생각하여 어떻게 사는 것이 의미 있고 또 재미있는 삶인지를 반추해 보고자 한다.

 A 선배는 늘 소신 있는 발언으로 후배들에게는 박수를 받았지만 임원 등 고위 경영자들로부터는 약간의 기피 인물이 된 분이다. 그런데 그 소신이 매우 합리적이고 효율적 대안을 제시한 것이어서 누구도 쉽게 그분을 나무라거나 비난의 대상으

로 삼지 않았다. 직장 내 일부 상사들이 개인적 공명심이나 과도한 자기 성장을 목적으로 무리한 영업 요구들을 가끔 하곤 하는데 이 선배는 그런 것들을 다소 과감하리만치 지적하곤 했다. 이러한 밉상 자세 때문에 그분은 임원으로는 승진하지 못했으나 삶의 자세가 꼿꼿하여 늘 후배들의 존경을 받았고 퇴직 이후에도 자연을 벗 삼고 과도한 물욕에서 벗어난 깨끗하고 인자한 마음으로 우리들을 대해주시고 마음을 다해 사랑해 주셨다. 나름 훌륭한 삶의 세계를 개척했다고 평가하고 싶다. 물론 조직 전체를 살리고자 했던 경영자들의 방향도 이해하면서 말이다. 큰 부자라고 해서 부러워하지 않고 가난하다고 해서 무시하지 않는, 부족하지만 주어진 삶에 만족하고 자신만의 길을 꼿꼿이 가는 그분께 늘 경의를 가지고 있다. 철학자 에리히 프롬이 소유냐 존재냐를 제기한 바 있는데, 그분은 승진이나 재산의 증식 등 소유보다는 자신만의 철학과 자세로 삶을 살아가는 존재에 더 큰 가치를 두었다고 생각한다.

B 선배는 제조업체 직원이었다가 후일 저축은행을 인수하는 등 재력을 일구신 분인데 이분은 돈을 어떻게 쓰고 어떻게 관리하는지에 대해 정말 남다른 자세를 보이는 분이어서 많은 사람의 존경을 받는다. 우선 돈을 다루는 기본적 시각이 정립되어 있는 분으로 생각된다. 예를 들자면 저축은행은 불특정 다

수인들이 나름의 경제생활을 통해 벌어들인 정말 귀한 돈을 예치받아 돈이 필요한 곳에 대출해 주는 곳인데 남의 귀한 돈이 한 푼이라도 손실처리 되지 않도록 해야 한다는 지론을 가지셨다. 따라서 돈을 벌려고 많은 위험을 감수하고 대출 취급을 해서는 안 된다는 분명한 철학을 가지고 계셔서 은행 규모는 작지만 정말 알찬 은행을 운영하고 계신다. 이분은 사회 환원에도 열정을 가지고 계신다. 학교를 제대로 졸업하지 못한 채 입대한 국군 장병들을 위해 군부대와 자매결연을 맺고 부대 내에 강의시설 설치 및 운영비 일체를 수십 년 지원하고 계시고 경상북도 지방에 중학교 학교 재단을 운영하시며 후학들을 위해 재정지원은 물론 할 수 있는 모든 정성을 쏟는 모습을 늘 보여주신다. 나무 한 그루, 꽃 한 송이마다 그분의 체취가 느껴진다.

언젠가 그분이 집안일을 하다 넘어지셔서 부상을 당하고 병원에 입원했을 때 많은 깨달음이 있었다고 말하셨다. 돈은 왜 벌었는가? 그리고 나 혼자 잘해 번 것이었나? 등등 여러 생각이 떠오르고 그 결과 형제자매 등과 여러 지인들 그리고 국가와 사회가 보이더라는 것이다. 저축은행은 금융기관 중에서도 다소 열위에 있는 조직임이 맞지만, 그것을 경영하는 기업가 중에서 이렇게 큰 족적을 남기는 경영자가 있다는 것을 아는 사람은 드물다고 생각된다. 아마 금융계뿐 아니라 사회 전반적으로도 잘 모르고 있다. 저축은행 임직원들이여! 이런 선배 동료가 있다는 것에 자부심을 갖기 바란다.

C 사장은 규모는 작지만 매우 알찬 부동산 컨설팅 및 개발업을 영위하고 있다. 그는 젊은 시절 대형 목재회사에서 10여 년을 근무하다 퇴사 후 창업하였는데 목재수입, 의자 제조 등의 사업을 통해 상당한 성공을 거두었으나 1998년 IMF 사태의 직격탄을 맞았다 그 후 여러 사업을 도모하였으나 잘되지 않았고 결국 신용불량자로까지 내몰리기도 하였다. 그러다 2008년 이후 부동산 관련 영업을 시작하였고, 결국 2015년 이후 부동산 활황기를 잘 활용하여 사업적 성공을 거두었다. 지역 내 환경오염 유발 대형 공장의 이전 관련 프로젝트를 맡아 분할 매각과 정리를 성공적으로 마친 것이다. 참으로 어려운 문제 해결을 통해 재기에 성공하는 과정은 옆에서 볼 때 정말 대단한 것이었다. 물론 최근에는 미국금리 인상 등 여파와 부동산에 대한 각종 규제로 다소 어려움이 생겼지만, 대체로 사업은 순항 중인 것 같다. 이분과 같이 사업적 어려움을 극복하고 재기하는 일은 참으로 힘들고 어려운 일이다. 그런데 어떻게 그 고난을 뚫고 승리할 수 있었을까?

그 첫째 이유는 고난에 굴복하지 않는 강인한 정신력이다. 만약 실패에 순응하고 새로운 사업을 포기하고 그냥 어느 기업의 근로자로만 만족하거나 조그만 가게를 운영하는 데 만족했다면 결코 이런 반전은 없었을 것이다.

다음 두 번째 이유는 그가 지닌 평소의 철학과 행동이 성공을 불러오지 않았나 하는 생각을 갖게 한다는 것이다. 즉 둘째 아들인데도 90 넘으신 노모를 집에서 극진히 모시고 이와 더불어 역시 90 넘으신 장모님까지 모시니 그 효심이 대단하다. 또 사업을 하면서 전 직장에서의 선배 부부에게 살 집을 마련해 주고 회사 직원으로 고용해 주는 등 어려운 자에 대한 배려를 행동으로 보여준다. 한편 라이온스크럽 활동을 하며 사회적 약자에 대한 봉사활동, 예를 들면 주말에 산동네 골목을 돌며 독거노인 식사제공 등을 그 바쁜 와중에도 적극적으로 실천한다. 사업은 이들 선행에 대한 누군가의 보답이 아닐까 하고 가끔 생각해 보았다. 하늘은 스스로 돕는 자를 돕는다고 했던가.

D 회장은 수도권 위성도시에서 축산업, 즉 정육 도소매업을 영위하며 활발한 사회 활동을 통해 정치 경제적 측면에서 매우 재미있게 생활하시는 것을 보았는데, 사업적으로나 정치·사회적으로 성공한 삶을 사시고 있다고 평가하고 싶다. 이분은 농촌에서 태어나 자수성가하신 분인데 우리나라의 60~70대가

대부분 그러하듯 어릴 때 도시로 올라와 여러 가지 직업을 전전하였고 수많은 고난과 역경을 뚫고 이겨 결국은 축산분야에서 성공하였다. 그런데 D 회장은 성공한 뒤의 삶을 좀 특별하게 함으로써 나이가 들수록 지역민들의 존경과 사랑을 받고 있다. 그는 매년 상당한 규모의 정육을 명절 때마다 지역사회 빈곤자들, 또는 청소부 등 사회적 헌신자들에게 기부할 뿐만 아니라 지방자치단체 산하 문화, 체육단체에도 늘 솔선해서 기부하곤 한다. 그러다 보니 자연스레 지역 내 유지들, 정치, 경제계 인사들과 폭넓은 교류를 나누게 되고, 이는 곧 자신의 정치적 역량이 커지게 되는 효과를 가져온다. 그래서 본인이 시장이나 국회의원이 아닐지라도 시에서 그들에 못지않은 영향력을 행사할 수 있다는 점에서 노년의 삶을 즐기고 있다. 다만 이분의 기본자세는 절제를 기본으로 하고 있어 결코 교만으로 흐르거나 자신의 영향력을 절대 과시하려 들지 않는다는 점에서 누구에게나 좋은 이미지를 주고 폭 넓은 인간관계를 형성하고 있다. 즉 지역사회에 흔히 있는 토호들과는 질적으로 달랐다. 이분의 사무실에는 늘 사람이 들끓는다. 노년에 들어 항상 사람들과 교류하고 사회에 의미 있는 일을 하는 것, 보람을 느끼며 사는 것은 많은 사람이 그리 흔하게 경험하지 못하는 일이라고 하겠다.

E 선배는 은행 지점장을 마치고 사업 전선에 뛰어들었다가 처음 수년은 성공적으로 사업체를 운영했지만, 디지털화되는 시대 흐름과 부응하지 못해 결국은 재고 누적과 자금난으로 실패의 쓴잔을 맛본 분이다. 그리고 지금은 수도권 지역 고향에서 텃밭을 가꾸며 양봉을 하는 등 자연 속으로 들어가 살고 계신다. 이분을 만날 때마다 느끼는 것은 실패자의 모습이 아닌 정말 후덕하고 여유와 사랑을 느낄 수 있다는 점이다. 그렇게 험한 세파를 겪으셨으면서도 전혀 내색하지 않는 의연함이 좋아 나는 가끔 선배와 식사하기를 좋아하고 계시는 토담집을 방문하곤 한다. 방문할 때마다 무, 배추, 토란, 고구마 등 키우신 작물을 담아 주시고 꿀 한 병을 넣어 주신다. 내가 위로해 드리려 만나기를 청하지만 오히려 내가 위로받고 사랑받는다는 느낌을 갖게 되니 이분의 내공이 깊다고 할 수밖에.

　또 지금 70대 중후반인 연세임에도 한 합창단에 가입하여 활발한 예술 활동을 하는 한편 라이온스크럽 활동도 활발히 하며 노년에 사회에 봉사하고 있다. 아름다운 삶의 부분이다.

　나는 이분의 따님이 이화여대에서 성악을 전공하고 이탈리아와 프랑스에서 유학 중 귀국해 있다는 걸 알고 내 아들의 결혼식 축가를 불러줄 수 있게 해달라고 청했더니 흔쾌히 응해주셨다. 그녀가 와서 뮤지컬「오페라의 유령」에 나오는 'All I Ask of You'를 불러주어 하객들을 감동시켰고, 큰 박수를 받았는데 나는 참으로 감사한 마음이었다.

내가 당신에게 바라는 건 그건 오직 사랑입니다, 하는 그 노랫말 그대로 그분은 많은 이에 대한 사랑을 실천하는 방법으로 주위의 호응과 사랑을 받으며 참거인이 되어가고 있다는 생각이다. 누가 이 평범한 거인에게 실패자라고 말할 수 있을 것인가?

에필
로그

미래를 위하여

　이상으로 내가 살아온 인생을 대강 정리해 보았다. 미숙함과 어리석음도 많았지만 45년 긴 시간 직장생활을 대과 없이 거쳤으니 나름 괜찮은 생을 살았다고 볼 수 있다. 어찌 되었든 스스로 평가해 보면 그저 무난한 직장생활을 거쳤다. 다만 먹고살기에 바빴고 이루어 놓은 것을 내어놓지 못하는 점은 아쉬움으로 남는다.

　내가 살아온 시대는 참으로 격랑의 시대였다. 6·25동란 직후 태어나서 가난의 60~70년대에 배우고, 산업화에 몰두했던 80~90년대에 참여해서 함께 일하고, 또 IMF 사태 이후 그것을 극복하는 과정과 21세기도 함께하고 있다. 그 가난했던 우리나라가 한강의 기적을 이루었고 세계 12대 경제 선진국에 이르는 동안 나도 거기에 같이 한 것은 자부심을 가질 만한 일로 생각된다.

20~21 두 세기에 걸쳐 수많은 훌륭한 인물들과도 더불어 살았다. 박정희, 김영삼, 김대중, 노무현, 김종필 등 정치가는 물론 김수환, 성철, 법정, 문익환, 한경직, 조용기 등 종교인 신상옥, 황순원, 서정주, 박종화 등 문화 예술인 등 기라성 같은 인물들이 그분들이다. 그 생각과 방법은 달랐으나 국가를 위해 정말 헌신하셨고 각자의 위치에서 할 일을 하셨다고 생각하며 모두 나에게 큰 가르침을 주었다고 생각된다.

최근 우리나라는 저출생, 저성장의 문제로 미래가 염려되는 상황에 놓여 있다. 선진국이 그들만의 세계를 구축하려 우리를 밀어내고 있고 후진국들이 자원과 인구 증가를 앞세워 우리를 앞지르려 하고 있는 것이다. 미국 대형 금융사인 골드만 삭스는 2007년 우리나라가 미국에 이어 세계 2대 경제대국이 될 것이라고 했었으나, 2022년 보고서는 향후 50년 후인 2075년 우리나라는 나이지리아, 말레이시아에도 뒤처진 세계 15위 수준으로 떨어질 것으로 조정한 바 있다. 2022년 현재 수준인 세계 12위도 지키지 못할 것이란 예측이다. 인구 감소, 저생산성, 자본감소 등 때문이다. 우리의 후세인들이 이겨내야 할 과제이자 우리가 어떻게 살아야 할 것인가에 대한 스스로의 해결책을 주문하고 있는 것으로 볼 수 있다.

자신의 길을 정도에 맞게 열심히 살다 보면 그것은 곧 나라를 위하는 길이기도 하다. 지난 세월을 회고하며 새로운 미래를 꿈꾸어 본다. 미래의 세계는 정말 만만치 않을 것이다. 무슨 일이 어떻게 일어날지 가늠할 수 없는 게 현실이다. 그 옛날 역경을 극복했던 그 자세 그대로 내일을 위하여 스스로에 대한 채찍질을 계속해 나가야겠다.

BAKER
45

초판 1쇄 발행 2025. 5. 30.

지은이　박찬종
펴낸이　김병호
펴낸곳　주식회사 바른북스

편집진행　김재영
디자인　김민지

등록　2019년 4월 3일 제2019-000040호
주소　서울시 성동구 연무장5길 9-16, 301호 (성수동2가, 블루스톤타워)
대표전화　070-7857-9719 | **경영지원**　02-3409-9719 | **팩스**　070-7610-9820

•바른북스는 여러분의 다양한 아이디어와 원고 투고를 설레는 마음으로 기다리고 있습니다.

이메일　barunbooks21@naver.com | **원고투고**　barunbooks21@naver.com
홈페이지　www.barunbooks.com | **공식 블로그**　blog.naver.com/barunbooks7
공식 포스트　post.naver.com/barunbooks7 | **페이스북**　facebook.com/barunbooks7

ⓒ 박찬종, 2025
ISBN 979-11-7263-398-1 03810

•파본이나 잘못된 책은 구입하신 곳에서 교환해드립니다.
•이 책은 저작권법에 따라 보호를 받는 저작물이므로 무단전재 및 복제를 금지하며,
 이 책 내용의 전부 및 일부를 이용하려면 반드시 저작권자와 도서출판 바른북스의 서면동의를 받아야 합니다.